焼く

日本料理
素材別炭火焼きの技法

銀座小十
奥田透

柴田書店

炭火の燻香は、極上の調味料。

私にとって「焼きもの」は、炭火以外考えられない。炭は焼きものの最大の武器だ。炭火で焼いたものと、ほかの熱源で焼いたものを比べると、その違いは一目瞭然。素材自身の脂から生まれる炭火の燻香は、何にもかえがたい調味料なのである。これが炭火焼きの大きな魅力である。

デジタル化がすすむ今日だからこそ、この魅力的でシンプルな超アナログの技法のよさを再確認し、より広く伝えるべく本書の制作にあたった。炭火独特の香り、火の通り方、食感は他の機器ではとうてい表現できない。炭火焼きのテクニックは、日本料理の一技法としてきちんと位置づけられるべきであろう。今まで解説することが難しかった経験と勘の世界を、写真と数字で明確にすることにチャレンジした。

焼きものといえば、西洋料理ではフライパンやオーブンを介した間接焼きがほとんどだが、日本料理はフライパンを使わない直火焼きが主である。フライパンのソテーには、何らかの油を使う。素材に油のおいしさは確かに加わるが、食後に後味としてその油が残ってしまう。

それにひきかえ、炭火は余分な油を使わず、素材の脂が炭に落ちて生じる燻香がこのうえない調味料となる。やきとりも焼肉も、炭火が一番旨い。この独特の香り、パリッとしたこうばしさ、ふっくらとした食感をもった、健康的な調理法が世界に浸透したら、どんなにすばらしいだろう。

炭原料の不足、経験者の不足、といった諸問題はあるものの、このすばらしい技術は、正確に伝えていかなければならないものだ。

本書では、主だった魚介類と肉類を取り上げ、仕込みから焼き上げるまでの炭火焼きの仕事の工程を詳しく追った。はたして炭火焼きの魅力を十分伝えることができただろうか。この本によって、焼きものがより進歩し、これからの日本料理の発展に役立てば幸いである。

二〇一三年二月

銀座小十　奥田　透

鰻蒲焼き　たたき木の芽
丸十蜜煮
酢取り茗荷
粉山椒
鰻白焼き
伏見唐辛子
フレークソルト

目次

1章　基本

焼きものの仕込み　12
焼きもののつけ地　15
炭の扱い　18
炭火焼きの道具　21

基本の塩焼き　鱸《すずき》　22
基本の幽庵焼き　鰆《さわら》　26
基本の肉　牛肉《ぎゅうにく》　サーロイン　31
（2回やすませる）　33
（やすませないで焼く）　35

炭火の魅力を科学する　36

2章　魚介

鮎女魚《あいなめ》　木の芽味噌焼き　44
あおりいか　47
赤むつ　実山椒焼き　50
鯵《あじ》　尾頭付き　53
穴子《あなご》　つけ焼き　56
甘鯛《あまだい》Ⅰ　塩焼き　59
甘鯛《あまだい》Ⅱ　味噌漬け　62
甘鯛《あまだい》Ⅲ　松茸包み焼き　65
鮎《あゆ》Ⅰ　若鮎塩焼き　68
鮎《あゆ》Ⅱ　風干し　72
鮑《あわび》　肝焼き　75
伊佐木《いさき》　胡麻塩焼き　78
伊勢海老《いせえび》　雲丹焼き　81
鰻《うなぎ》Ⅰ　蒲焼き　84
鰻《うなぎ》Ⅱ　白焼き　88
鰹《かつお》　たたき　90
かますⅠ　胡麻塩焼き　93
かますⅡ　松茸包み焼き　96

きんき　一夜干し　99
金目鯛《きんめだい》　実山椒焼き　102
車海老《くるまえび》　鬼殻焼き　105
鯖《さば》　しめ鯖たたき　108
鰆《さわら》Ⅰ　味噌幽庵焼き　111
鰆《さわら》Ⅱ　味噌漬け　114
鼈《すっぽん》　つけ焼き　117
太刀魚《たちうお》　塩焼き　120
鱧《はも》Ⅰ　つけ焼き　123
鱧《はも》Ⅱ　塩焼き　126
ふぐⅠ　風干し　128
ふぐⅡ　つけ焼き　131
ふぐ白子《しらこ》　134
鮪《まぐろ》大とろ　あぶり　136
真鯛《まだい》Ⅰ　塩焼き　138
真鯛《まだい》Ⅱ　尾頭付き　141
真名鰹《まながつお》Ⅰ　幽庵焼き　144
真名鰹《まながつお》Ⅱ　味噌幽庵焼き　147
真名鰹《まながつお》Ⅲ　味噌漬け　150

3章　肉と野菜
牛肉ひれ　塩焼き　154
牛肉いちぼ　塩焼き　156
牛肉ももⅠ　味噌幽庵焼き　158
牛肉ももⅡ　たたき　161
牛肉（赤肉品種）サーロイン　塩焼き　164
鴨《かも》ロース肉　幽庵焼き　166
鶏肉／駿河《するが》しゃももも　塩焼き　169
鶏肉もも　塩焼き　172
鶏肉／駿河《するが》しゃも胸肉　たたき　174
豚肉肩ロース　塩焼き　177
筍《たけのこ》　つけ焼き　180

写真　大山裕平
装丁　中村善郎 yen
編集　佐藤順子

鰆幽庵焼き
筍つけ焼き
牛肉 サーロイン塩焼き
蕗の薹素揚げ 練り胡麻
蚕豆素揚げ
野蒜素揚げ
蕗の葉の佃煮
大根おろし 山葵

かます松茸包み焼き
焼き栗
揚げ銀杏
酢取り生姜

若鮎塩焼き

本書では、焼くさいの火加減を1から10までの数字で表現した。それぞれの焼く工程写真に添えた解説の最後に、火加減を示す印をつけて表している。この数字は実際に温度を測定して決めたものではないが、熟練した焼き手の感覚をもとに、ごく弱火から最強火までを1から10までの10段階に分けて表したものだ。数字が大きくなるほど火が強くなることを示している。参考にしていただきたい。なお火加減は、炭のおこし方だけではなく、おこした炭の積み上げ方などでも調整できる。

1章　基本

焼きものの仕込み

上手に焼くためのこつとポイント

焼きものの科学執筆
杉山久仁子
（横浜国立大学教育人間科学部教授）

1 大型の魚を使う

旨い焼きものをつくるには、とにかく大型の魚を仕入れることに尽きる。大型の魚ほど脂がのっていて、肉質も充実しているのがその理由。歩留まりもよい。

獲れてからの流通経路によるが、通常の市場経由になると、店に届くまでの間にすでに2日ほど経っているであろう。「小十」では、丸で仕入れ、店でおろして、さらに2日間おき、旨みを充分熟成させてから使っている。内臓をとって丸のまま保存できる環境であれば、さらに1日長くもつだろう。ただし、この日数は魚の大きさや脂肪分によって多少増減する。

2 熟成させる

写真上はおろしたてのサワラ。下はおろしてから2日間冷蔵庫で熟成させたもの。身が赤みをおびて凝縮した感じがする。ちなみに幽庵焼きには背側の身と腹側の尾ビレ寄りの身を使う。腹側の頭に近い、身の薄い部分は塩焼きに適する。通常営業では背側から使いはじめる。

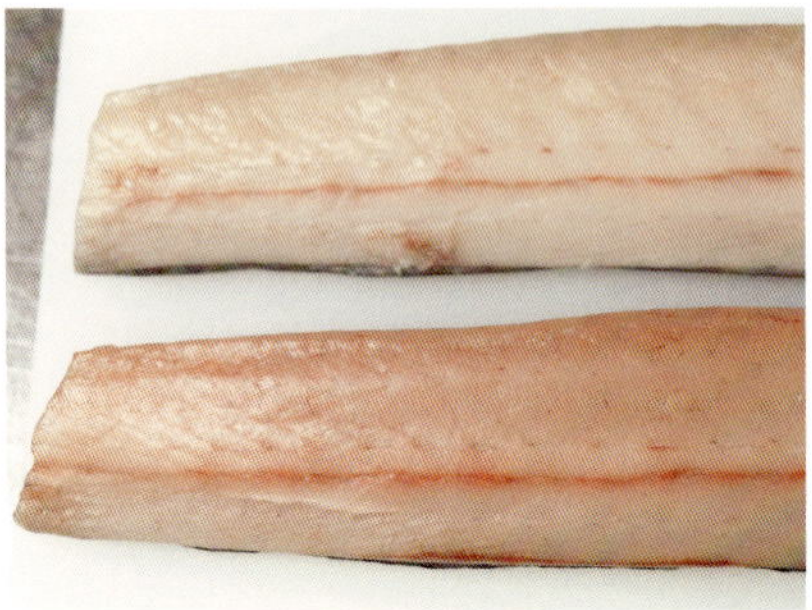

焼きものの科学

○魚は死後10分または数時間以内に死後硬直が起こり、魚体はかたくなる。硬直は魚体内のグリコーゲンが分解されて乳酸が蓄積することによるpHの低下と、ATP（アデノシン三リン酸）の減少によって起こる。ATPは分解されて、IMP（イノシン酸）が、蓄積する。これは魚にとって重要なうま味成分のひとつである。
○白身の魚は、赤身の魚に比べて硬直のはじまりが遅く、硬直時間が長い。硬直中は筋肉が引き締まり、歯ざわりがよい。
○硬直期が終わると魚体内の酵素によって魚肉たんぱく質などの分解（自己消化）がはじまり、グルタミン酸などのアミノ酸が増え、魚肉はやわらかくなる。この過程を熟成と呼ぶ。大型魚は硬直期中はかたすぎるので、自己消化がはじまった熟成初期が適度にやわらかくうま味も多いとされている。魚は自己消化がはじまると細菌による腐敗も進行しやすいので、取扱いに注意する。

3 切り目を入れる

一般的に焼き魚には、皮に2～3本飾り包丁を入れる。しかし横方向に切り目を入れると、皮が縮んで切り目から破れてしまうこともある。

そこで頭を切り落とした斜め（たすき）の線に対して垂直に包丁目を細かく何本も入れている。このように切り目を入れるのは、加熱の際の身の縮みを防ぐことと、魚が皮下にたっぷり蓄えた脂を出しやすくして、揚げ焼き状態にして、カリッと焼き上げるためだ。加えて、この脂や水分が炭に落ちて立つ煙にいぶされ、燻香がつくという効果もある。

切り目を入れるのには、このような意味があるのだが、切り目は斜めに入れると、焼いたときに身がふっくら開いて、出てきた脂がストレートに落ちずに、たまりやすくなる。脂が皮近くにたまっている間に、揚げ焼き状態となる。

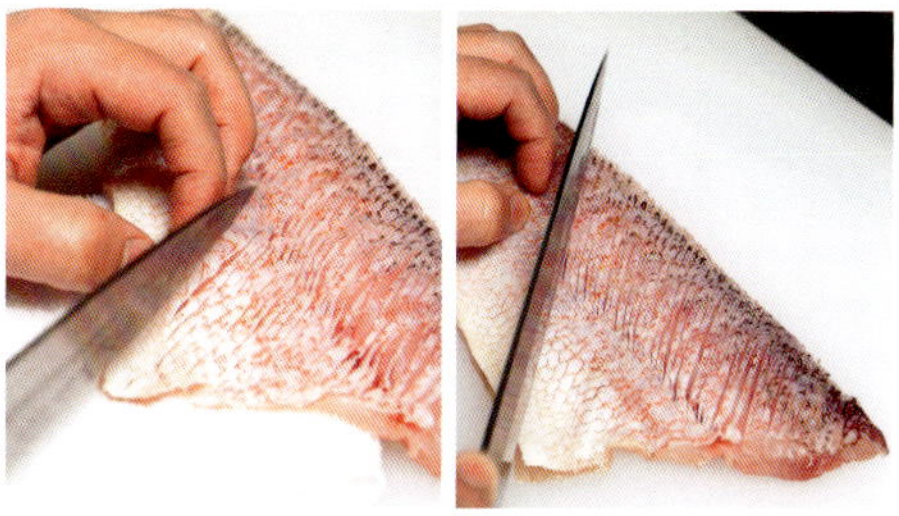

身が薄い部分は、布巾などをあてて高くすると切り目を入れやすい。

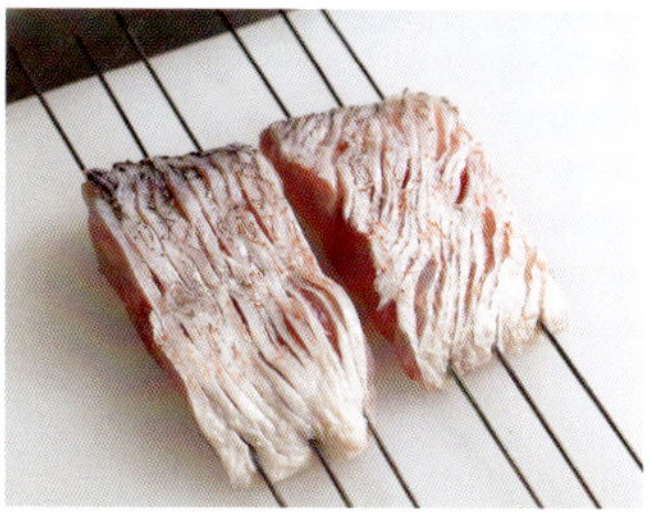

右は斜めに包丁目を入れた。左は真っ直ぐに包丁目を入れた。

焼き上がり。左の真っ直ぐに入れた身よりも、右の斜めに入れた身のほうがふっくらと大きく焼けた。

4 塩をあてる

焼きものの場合、焼く前に塩をふる（あてるという）。塩味をつけるという目的のほかに、水っぽさを抜くという効果がある。

通常は、焼く30分ほど前に塩をふる。しかし鮎の塩焼きなど、素材によっては直前にふることで、焼いたあとまで塩が粒のまま残り、焼き色に変化が出るという視覚的な効果が得られる。

1 バットに薄く下塩をふる。

2 皮目を下に向けて並べる。

焼きものの科学

○魚肉の表面に塩をふりかけると、魚に塩味がつくと同時に、浸透圧によって脱水が起こり、魚の身は締まる。水分がしみ出るときに、魚臭のもとになる水溶性のトリメチルアミンなども流れ出るので、しみ出した水分は取り除く。食塩の浸透量は魚の種類によって異なり、脂肪の多い魚では浸透は遅い。身の側から食塩を加えたときと皮のほうから加えたときでは差があり、皮から加えた食塩は浸透しにくい。塩が浸透しにくい皮側を、塩を薄く敷いたバットの上にあてて、塩の浸透を促進する。時間をおくことで、塩はより身の内部に浸透すると同時に、表面からの脱水も進むと考えられる。

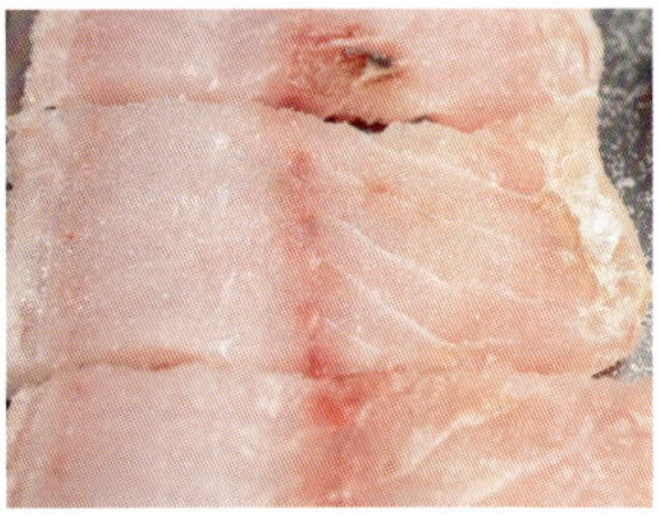

3 上から下に塩がしみ込んでいくので、上塩は少し多めにふる。皮目を上にすると、皮があるために塩が身に浸透しにくくなる。30分間は常温において塩をなじませる。

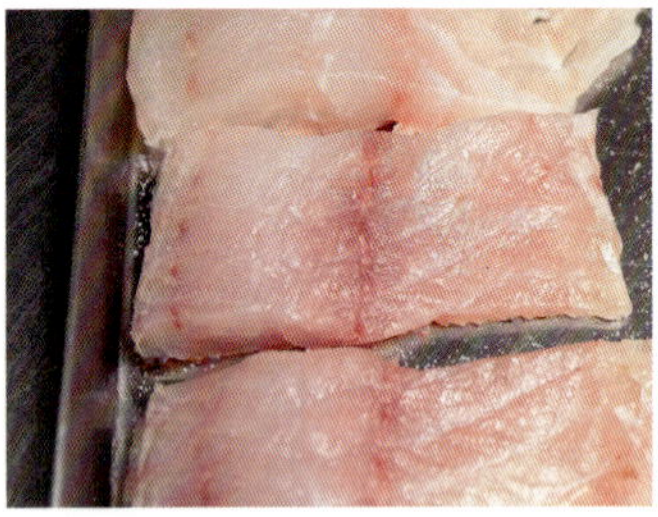

4 しっとりとしてきたら、塩がなじんだ目安。

5 串を打つ

日本料理の焼きものは、ほとんどの場合串を打って焼く。焼き台を使うので、網焼き以外、串を打たなければ、焼くことができないからだ。

串を打つ際は、素材を生き生きと見せるために、切り身や姿の魚を波打たせるように曲げて串を通していく。切り身の場合は、腹側の身と背側の身の厚さを一定にするために、腹側の身を折り曲げて、つま折り串を打つこともある。

串は小さい(薄い)ほうから刺して、大きいほう(厚い)に向かって打つのが定石。ここでは皮を引いたサワラを使って解説する。

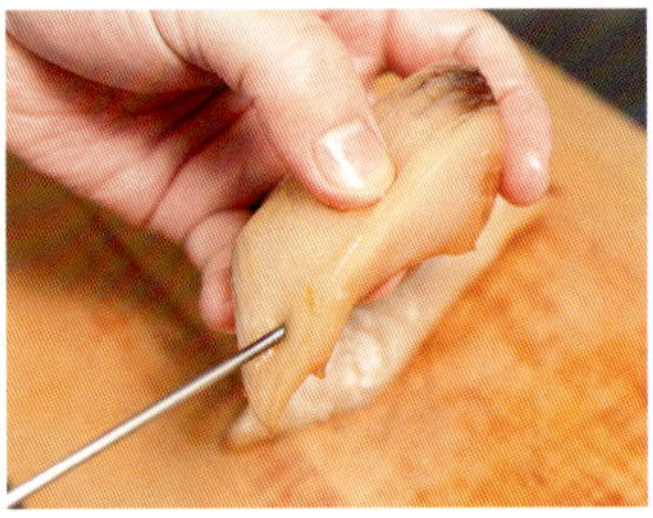

1 皮面を上に向け、身が薄い側を手前に持ち、切り身の右寄りに串を通す。

2 次に刺す目安を持ち手の親指で押さえて、切り身を波のように曲げて、ここを目指して串を通す。

3 引き続き縫うように串を刺す。次に串を出す位置を人差し指で示しておく。

4 人差し指を目指して串を真っ直ぐに通す。

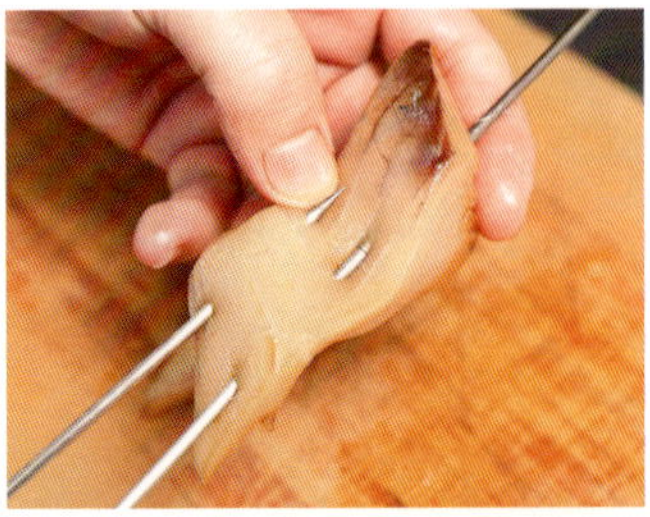

5 左側にも同じ要領で、右の串と平行に串を通す。

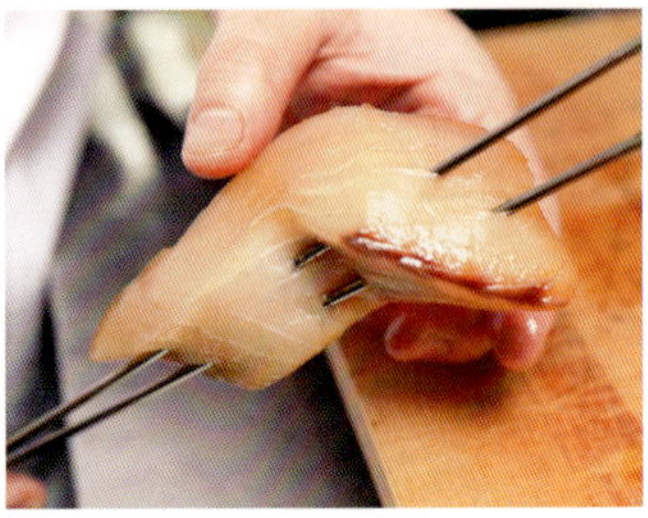

6 串を打ったサワラ。盛りつけを考え、勢いよくはねるようにうねりをつけて打つ。

焼きもののつけ地

【幽庵地】

幽庵地は焼きものの代表的なつけ地。味醂、酒、濃口醤油を合わせてつくるのが一般的だが、その配合は、魚の種類や脂ののり方などによって違う。ここでは2種類の幽庵地の配合を紹介する。なお地の中にユズを加える場合もある。

幽庵地は、仕込む段階で酒と味醂のアルコールを飛ばしておく。魚を地につけている間に、身の中にアルコールが浸透するため、焼くときに、このアルコールを飛ばすことを考えなければならなくなるので、あらかじめアルコールを煮きって用いているのだ。

また濃口醤油は、酒と味醂が冷めてから合わせるとよい。熱いうちに加えると、醤油が蒸発して味が濃くなってしまうので注意する。

【幽庵地A】

味醂　5.4リットル（3升）
酒　1.8リットル（1升）
濃口醤油　2.7リットル（1.5升）

【幽庵地B】（割合）

味醂　2
酒　1
濃口醤油　1

焼きものの科学

○魚の身に浸透したアルコールは、焼いている間にもいくらかは飛ぶが、表面のたんぱく質が凝固すると、内部に浸透したものは抜けにくくなると考えられる。

○また、余計なものが入っていると、それを完全に取り除くということを気にしながら調理をしなくてはならなくなるので、最初からアルコールを煮きる操作をしている。

○醤油は加熱によって色や香りが変化するので、香りを大切にするのであれば、加熱をしないほうがよい。

1 大鍋に酒を注ぎ入れる。

2 味醂を加える。

3 鍋の内側を布巾でふいておく。残ると火にかけたときにこげてしまう。

4 強火で沸騰させてアルコールを煮きったら火を止める。火を近づけて着火しなければよい。このまま冷ます。

5 冷めたら、醤油を注ぎ入れる。熱い中に入れると、醤油の水分が蒸発して味が濃くなってしまう。

6 幽庵地。ペットボトルなどに移して常温で保管している。

［味噌幽庵地］

幽庵地　800cc
白粒味噌　300g

［かけ地］
幽庵地　800cc
白粒味噌　600g

1 幽庵地に白粒味噌を入れて混ぜて、味噌幽庵地をつくる。

2 かけ地も幽庵地同様に混ぜるが、味噌の分量を倍にして味を濃くしてある。

［ウナギのタレ］

濃口醤油　3.6リットル(2升)
味醂　1.4リットル
中ざらめ糖　2kg
たまり醤油　100cc
ウナギの中骨　1kg
ウナギの肝　120g

中骨と肝でコクを出したウナギのタレ。ウナギの中骨は焼いて用いる場合もあるが、小十では、料理の味を生かし、ウナギの旨みのボリューム感を出したいので、焼かずに用いた。骨を焼くと、料理の全面に香ばしさが押し出されて、素材の持ち味が隠れてしまう。

なお、中骨は血合いを掃除したのち、冷凍して、必要な分量までためている。

1 濃口醤油、味醂、中ざらめ糖、たまり醤油を大鍋に合わせる。

2 こげつかないように鍋の内側を布巾でふいて、中火にかける。強火では醤油が辛くなってしまう。

3 中ざらめ糖が溶けるまで混ぜて中火で熱する。鍋の内側はそのつどふき取る。

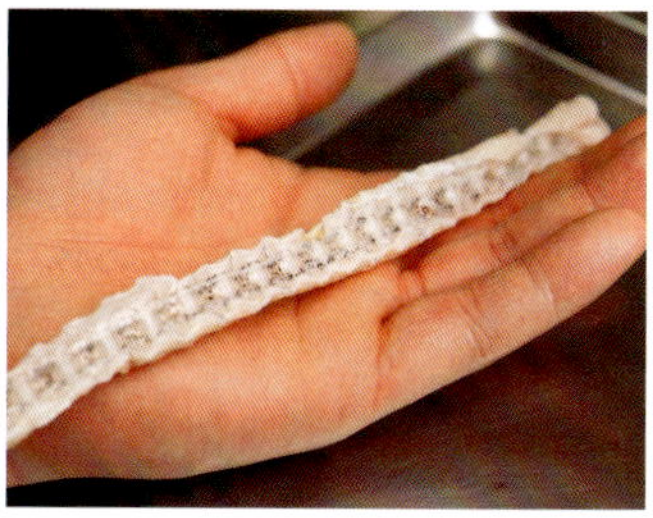

4 中骨から血合いをきれいに落としておく。

5 ボウルに中骨と肝を入れ、沸騰した湯を注いで霜降りする。

6 アクが浮いてくるので、流水にさらして洗う。水が澄んでくるまで取りかえながらていねいに。

7 布巾で水気をふき取る。

8 中ざらめ糖が溶けたら、中骨と肝を入れる。沸騰寸前で火を弱める。

9 ときおりアクを玉杓子で寄せて集めて取り除きながら、1時間ほど沸かないような火加減で加熱する。

10 2割ほど煮詰まったら、骨を取り出す。冷めたらペットボトルなどに移して常温保存する。

木の年輪が詰まったもの、割れ目が入っていないものがよい。写真は直径３cm、長さ24cmの備長炭。

炭の扱い

備長炭は高価であるが、ほかに比べて火のもちが格段によい。中でも紀州備長炭が有名だが、かなり品薄な状態となっている。「小十」では、上土佐備長炭（馬目備長丸12kg入り）を使用している。材料の馬目樫（うばめがし）は、木材の中でもっともかたく、重い木といわれている。このかたさと重さが、高温長時間の火入れに耐え、緻密な炭となるゆえんである。

1 炭をおこす

1 ガス台に網をのせ、炭を適量積んで点火する。炭9本程度ならば、20〜30分間で写真程度まで赤くおきる。

2 焼き台の下の皿には灰を入れておく。炭の火加減を弱めたいときや、炭から炎が立たないように調整するときに、この灰を炭にかける。

3 まず焼き台の一番下に赤くおきた炭を1段並べる。

4 その上に消し炭を数本並べる。新しい炭よりも、消し炭のほうが火がおこりやすい。おきた炭と新しい炭の橋渡し役となる。

5 消し炭の上に新しい炭をのせる。

6 一番上に真っ赤におきた炭をのせる。下と上の赤くおきた炭で、消し炭と新しい炭を挟むような形になる。

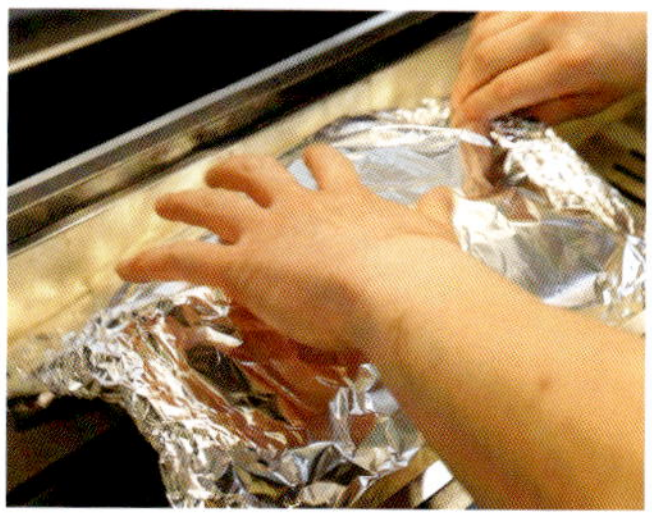

7 上から何枚も重ねたアルミホイルのおおいをのせて、保温する。焼き台の四方の側面が同じように熱くなるまでこのままおく。

2 炭床のセッティング

アルミホイルを丸めて仕切りをつくり、仕切りの向こう側で炭を真っ赤におこして**10**、スタンバイし、上からアルミホイルをかけておく。アルミホイルのすぐ右どなりに**7～8**の強火をつくる。そのとなりには**4～5**の中火、そのとなりには**2～3**の弱火をつくって、準備をしておく。

3 炭の消し方

仕事を終えたら、炭は水につけて火を完全に消す。安全面からだけでなく、水につけることで炭の中に細かく入り込んだ空気が抜けて、次回使用するときに、はじけにくくなるという利点もある。

1 炭を水につけて、火を消す。

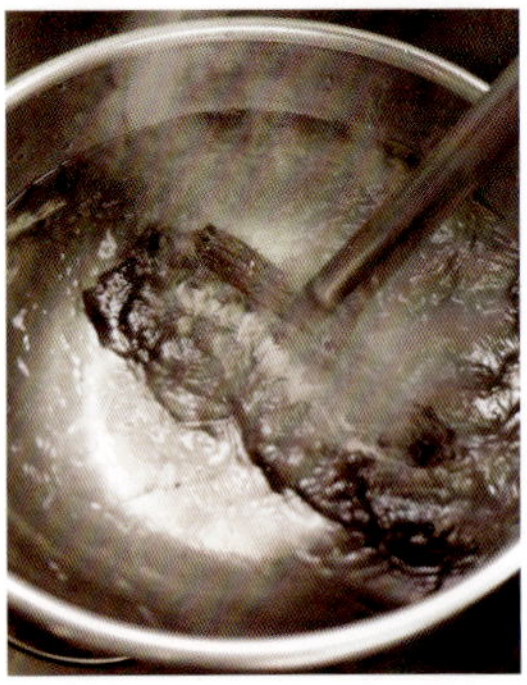

2 いっせいに泡が立つ。

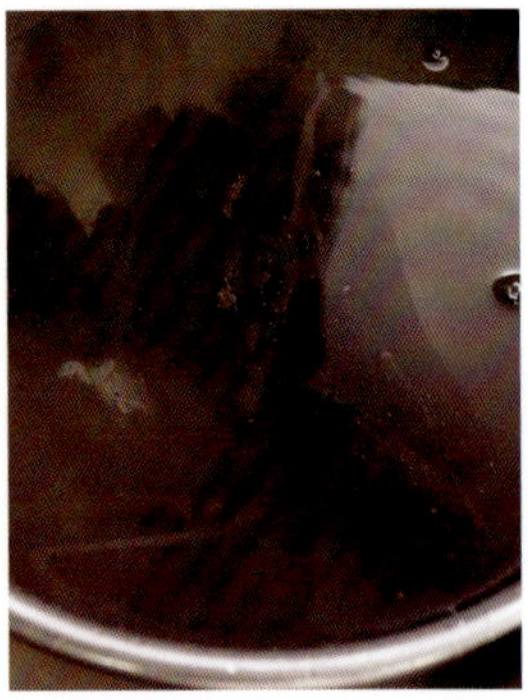

3 完全に泡が抜けて静かになるまでそのままおく。

4 焼き台の掃除

仕事を終えたら、焼き台の掃除をする。今まで使用していた炭は、右記の要領で消しておく。まだ焼き台が熱いので、きれいに掃除したのち、消した炭を並べて乾かす。万が一炭の温度が下がりきっていなくても、焼き台の中に並べておけば安全だ。

1 焼き台の中の小さな炭のかけらやススなどを小さなほうきで集めて取り除く。

2 取りきれないススなどは、鉄床をはずして、下に掃き落とす。

3 掃除した焼き台の上に、水につけて火を消した炭を並べて乾かす。

4 乾燥したら炭つぼに入れて保管する。(消し炭)

炭火焼きの道具

焼き台

長さ120cm×幅36cm×高さ28cmの焼き台は、厨房のスペースに合わせた注文品。側面の厚さは5.5cm。なによりも保温力が求められる。

□釜浅商店
東京都台東区松が谷2-24-1
☎03-3841-9355

焼き台の床は引き出しになっていて、炭の調整用の灰が入れてある。

鉄灸

串を渡すための鉄棒。焼き台の手前と向こう側において串を支える。焼き台の長さに合ったものを用意する。

金串

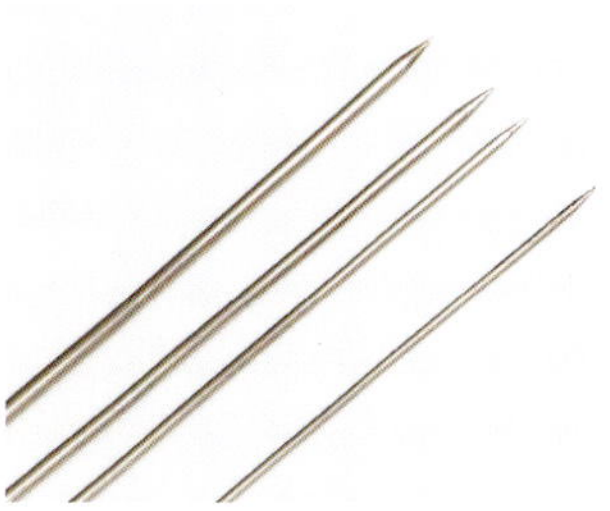

焼きもの用の串。太いものから極細までそろっている。用途に応じて使用する。

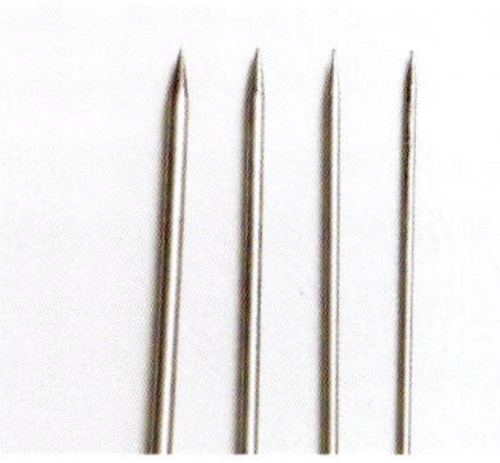

左の太串は、肉やウナギなど。中串と細串は魚用で、身の厚さや身質によって使い分ける。極細串は、身を支えるための補助串として使う。

竹串

アユやエビの塩焼きには竹串を用いる。焼いたあとの串を抜き取っておいて、次にアユを焼くときの仕上げにこの串を炭床にくべて燃やすと、串にしみついたアユの脂の香りでいぶすことができる。またアユをアユかごなどに盛りつけて客席に提供するときに、コンロに竹串をくべると、煙と香りの演出効果が高まる。

トング

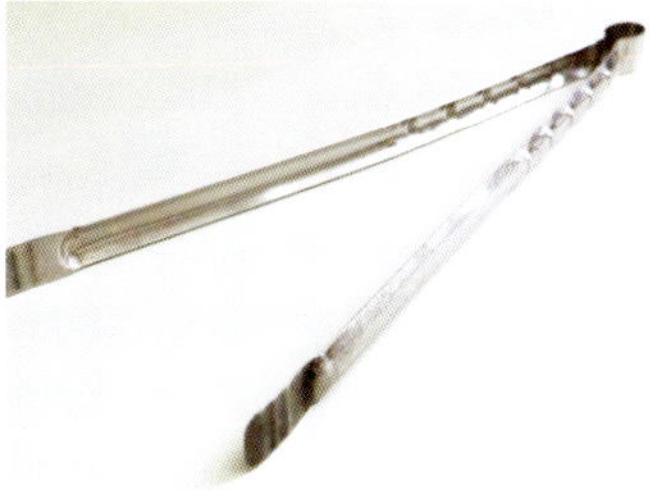

炭を移動させるときにトングを使う。焼き台はかなり熱いので、長いものを選ぶとよいだろう。

ウチワ

この1本である程度の火力を調節することができる。仕上げの焼きで焼き目をつけたいとき、炭床に酸素を送り、火力を一時的に強めることができる。また焼きものの脂が炭に落ちると、火がつきやすくなるが、これを消すときにもウチワは欠かせない。また熱風を起こすときにもウチワを使用する。

基本の塩焼き　鱸《すずき》

塩→焼く

○スズキで塩焼きを解説する。

○最初は弱火で焼きはじめ、細かい包丁目を入れた皮目からじわじわと脂を出す。これを裏返して、ためていた脂を一気に焼けている炭に落とし、煙を立てていぶす。これこそ炭火による塩焼きの醍醐味。シンプルな味だからこそ際立つ。

○自らのもつ脂で表面の皮目をパリッと焼き上げ、燻香をつけることがおいしさの決め手となる。脂をたっぷり蓄えた大型の魚を使用することも大切なことである。ここでは4.5kgのスズキを使用した。

［切り身］

1 仕入れてから1日おいて、身を熟成させて、三枚におろす。

2 皮目全面に細かく斜めの包丁目を入れる。

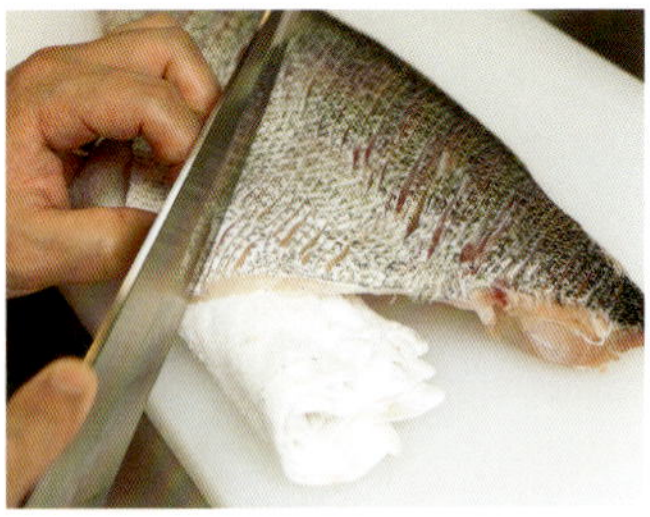

3 身が薄い腹の部分には布巾などを下からあてて高くすると、切り目を入れやすい。

4 1枚90gの切り身に切り分ける。

塩をあてる

バットに薄塩をふり、その上に皮目を下に向けて切り身を並べる。さらに上から薄塩をふる。常温で1時間ほどおいて、塩をなじませてから焼く。

串を打つ

1 薄い腹身は折り曲げる。皮目から串を刺して、折った腹身の下に通す。

2 腹身を縫うように串を通して押さえる。

3 皮目にいったん串を通し、縫うようにして串を打ち進める。

4 最後は向こう側の端の皮目に串を通して抜く。もう1本平行して同様に串を打つ。

5 波のように身をうねらせたスズキ。

焼きものの科学

○皮目から串を打つことで、焼いたときに皮が縮み、魚肉からめくれるのを防ぐ。魚肉は生のときはやわらかく、加熱をするとたんぱく質が凝固してもろくなるので、肉に串を刺すと、身が落ちやすくなるとも考えられる。

焼きものの科学

○切り身の厚さが均一でない場合に、身の端の薄い部分を折り曲げて串を打つと、厚さをそろえることができる。

○この串の打ち方をつま折り串といい、片づま折り串と両づま折り串がある。

［焼く］

1 火加減は弱火に調節する。 2

> **焼きものの科学**
> ○ゆっくり加熱することで、魚の表面のたんぱく質をゆっくり変性・凝固させ、急激なたんぱく質の収縮による肉汁の流出を防ぐ。

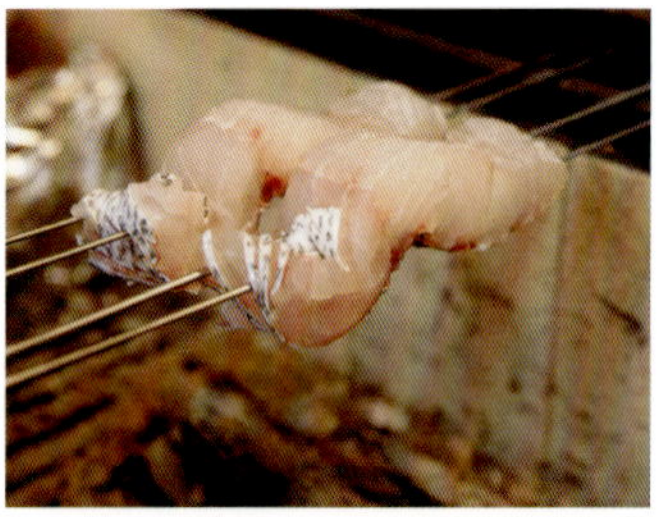

2 皮側から焼きはじめる。火加減が2よりも弱くなってきたら、炭を入れかえて2を保つ。 2

3 写真程度まで皮が白っぽくなったら、炭を増やして火をやや強くする。 2〜3

> **焼きものの科学**
> ○弱火のままでは加熱時間が長くなり、水分の蒸発が増える。しかし強火にすると、中まで完全に火が入らないうちに表面が焼きすぎになってしまうので、ここは中火で。

4 徐々に3の火加減に上げる。 3

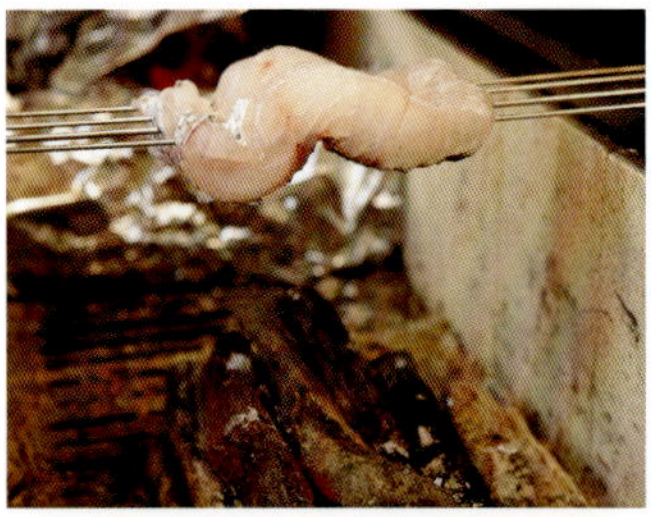

5 さらに皮側を焼いて焼き色をつける。 3

6 この程度まで皮目が焼けて、少し脂がにじんできたら返して身側を焼く。この段階で、皮側から2割5分程度の火が入っている。 3

7 次第に身側の表面のみに火が通って固まってきた。ときおり串の位置を移動しながら、側面と身側の火の通り具合を見つつ焼く。 3

8 6割くらい火が入ったら、さらに火を強める。 3

9 炭を積み上げて5にする。 5

10 返して皮側を焼く。火を5に強めたことで、今までじわじわとたまってきた脂と水分が一気に落ち、煙が立って燻香がつきはじめる。

焼きものの科学

○脂肪は表皮の下層や結合組織に含まれている。魚肉の結合組織を形成しているコラーゲンが溶解して収縮すると脂肪が押し出される。

11 この程度まで焼けたら裏返して身側を焼く。火が強くなったので、今までよりも早めに返さないとこげる。ときおり炭を入れかえて5を保つ。 5

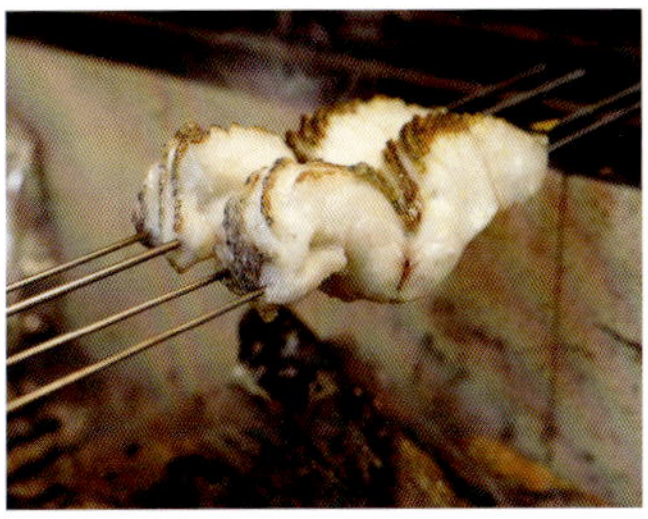

12 この段階ではほとんど完全に火が入っている。身崩れしやすい魚の場合、焼き上がり時に抜きやすいよう、串を回しておく。 5

13 仕上げに入る。炭を積んで7の火にし、ウチワであおいで火を赤くおこす。皮側を焼く。 7

14 さらに炭を積んで8の火加減にする。 8

15 返して身側を焼く。身側に焼き色がついたら返して、再び皮側を香ばしく焼く。皮がパリッとしたら焼き上がり。 8

焼きものの科学

○焼き色のつく反応は、メイラード反応で、別名アミノ・カルボニル反応ともいう。主に食品にふくまれているたんぱく質（アミノ酸）と糖が加熱によって反応して褐変物質（メラノイジン）と香気成分が生成される。魚の皮の主な成分であるコラーゲンもたんぱく質の一種である。

焼きものの科学

○パリッと焼けるのは、表面の余分な水分が飛ぶから。

16 焼き上げたスズキ。

基本の幽庵焼き　鰆《さわら》

**つける → かけ焼き（タレを乾かす）→ 20分間やすませる →
仕上げのかけ焼き（ツヤを出す → こげ色をつける）**

○魚介の代表的な焼きもの、幽庵焼き。ここではサワラを使って、幽庵焼きを解説していく。
○サワラのように水分を多く含む肉は、身崩れしやすいので、幽庵地につけて水分を抜き、ほどよく身を締めて焼く。サワラの持ち味は、脂と水分のほどよいバランス。これを最大限引き出すために、余熱を使って加熱し、しっとりと焼き上げた。

［皮を引く］

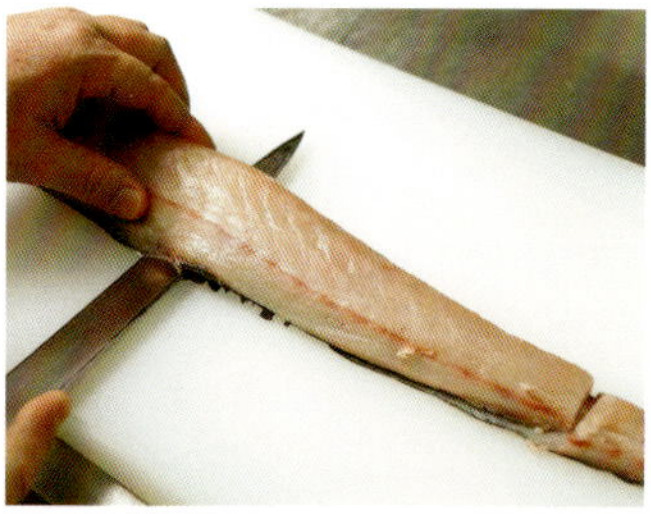

皮は引く。本来魚は皮と身の間に旨い脂の層があるのだが、サワラにはそれがなく、焼くと薄い皮がかさかさして、ぺったりとはりついて食味が悪いため、引いて用いている。

［切り身］

身に厚みがあり、大きいほうが炭火焼きに向く。1切れ80gくらいが目安。

焼きものの科学

○炭火焼きでは魚の表面温度の上昇が速く、それに伴って内部温度も上がりやすくなる。炭火には水分が含まれないこともあり、魚の水分は蒸発しやすい。したがって身が薄いと、表面に適度な焼き色がついたときには、内部は焼きすぎの状態になりやすい。
○身は厚いほうが焼きすぎにならず、水分もやわらかさも保つことができると思われる。

［つける］

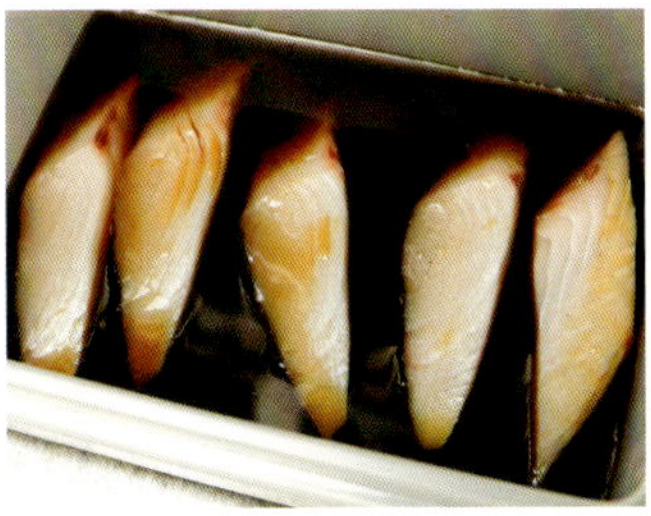

1 幽庵地A（→15頁）を注ぐ。

2 上にペーパータオルをかぶせて地を表面までいきわたらせる。

3 2時間つけたサワラ。身はかちっとした印象になった。

焼きものの科学

○味醂に含まれるアルコールには、たんぱく質の変性を促進して凝固を早める作用があるが、この幽庵地では、味醂は煮きっているため、アルコールの効果はほとんど期待されない。つけておいて身が締まるのは、醤油や味噌に含まれる塩分の影響で、浸透圧によって脱水がおこるからであろう。
○幽庵地につける前に、魚にふり塩をして、余分な水分と臭みを抜く作業をする場合もある。先に水分を抜いていれば、調味料がしみ込みやすくなり、つけ込み時間は短縮できる。
○脂の多い魚は、調味料がしみ込みにくいので、つけ込み時間は長くする。

［串を打つ］

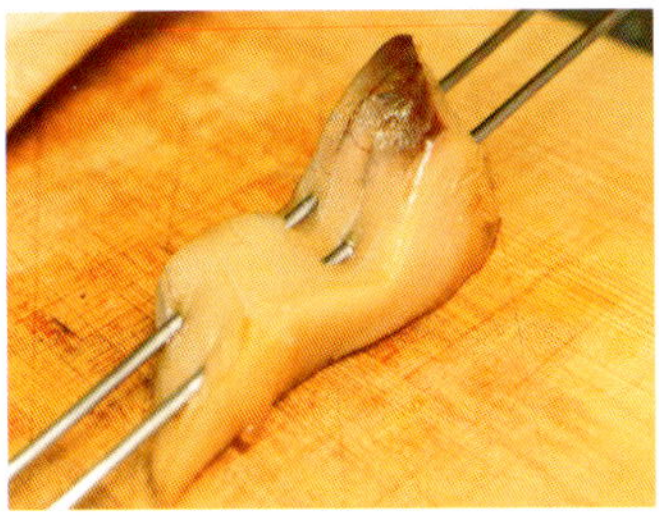

切り身を波打たせるように曲げて、下まで通さずに身の中を串で縫うように串を通していく。串は小さい（薄い）ほうから大きいほう（厚い）に向かって打つのが定石（→14頁）。

1 皮側から焼きはじめる。火加減は弱火の2から3で焼く。2〜3

2 白っぽくなったらすぐに返す。生の身では幽庵地がなじまない。最初の焼きは幽庵地をのりやすくするために行なう。2〜3

焼きものの科学

○たんぱく質が加熱されて凝固し、少し表面が乾くことで、表面にタレがとどまりやすくなるのではないかと思われる。

3 皮側に幽庵地をかける。地をかけている間に身側を焼いて乾かす。火を入れるというよりも、地を乾かすというイメージ。焼き色はつけない。2〜3

焼きものの科学

○幽庵地をかけることで、表面温度は少し下がる。

4 身側にも幽庵地をかける。この間に皮側を焼いて乾かす。2〜3

5 両側からほぼ均等に火が入っているのがわかる。2〜3

焼きものの科学

○焼き色がつかない程度の弱火で表面を乾かしているため、内部はまだ生の状態。

6 都合5回ほどタレがけと返しを行なう。ここまで火加減はずっと弱火で。2〜3

焼きものの科学

○両面をこがさずに、均等に火を入れるために、何度も返して焼いているのだろう。タレに味醂が入っているので、こげやすいため、火力は弱めにしてじっくり焼く。

7 ここまで焼いたら、火からはずして、20分間やすませる。20分でほぼ厨房の室温に戻る。余熱で火がやわらかに入ると同時に、かけた幽庵地が中に入り、味がしみていく。

8 やすませる前の切り身(写真右)と20分間やすませたあとの切り身(写真左)の断面。20分間の余熱で火が入った。

> **焼きものの科学**
>
> ○食品の熱伝導率は低く、熱は伝わりにくい。表面が焼きすぎにならないようにしながら、塊や肉厚のものを中まで火を通すのは非常に難しい。火を弱くして長時間加熱をすると表面がかたくなり、水分も蒸発する。余熱を利用すると、表面の加熱しすぎを防止することができ、水分の蒸発も抑えて、内部まで火を入れることができる。

[仕上げのかけ焼き]

9 ここから仕上げのかけ焼きに入る。火を4から5の中火にし、皮側から焼く。 4～5

> **焼きものの科学**
>
> ○表面に焼き色をつけることを目的とするため、火を強めに。ただし強すぎるとこげて苦みが出るため中火で。

10 乾いたら返して、皮側に幽庵地をかける。 4～5

11 返して、身側に幽庵地をかける。 4～5

12 焼き色がつきはじめる。地が炭に落ちて、火力が弱くなるので、適宜炭を積んで中火を保つ。 4～5

13 これくらいの段階で、焼き上がり時に抜きやすいよう串を回しておく。 4〜5

焼きものの科学

○金串からも伝導で熱が伝わっている。金串の周囲のたんぱく質は熱で凝固して串に付着しているので、熱いうちに串を回して肉をはずしておく。ただし、焼き上がって串を抜くときは、熱いと形が崩れやすいので、少し冷えてから行なう。

14 タレがけをくり返すと、ツヤが出てくる。さらにくり返すと少しこげ色がついてくる。こげやすいので頻繁に返しては地をかける。 4〜5

焼きものの科学

○味醂に含まれる糖分によってツヤが出る。
○最初のタレがけのときには、魚の表面温度はそれほど高くないため、冷たいタレをかけることで温度が下がる。しかし最後のタレがけのときは、魚の表面は温度が高くなっている。また、何度もタレがけをしているために、タレが濃縮され、タレに含まれる味醂の糖分と醤油のアミノ酸が反応（メイラード反応）して褐変物質ができるが、これを加熱しすぎるとこげに変化する。

15 最後に身側、皮側に幽庵地を1回ずつかけて仕上げる。地が炭に落ちて煙が立ち、いぶされて、こうばしい香りがつく。 4〜5

焼きものの科学

○炭は不純物が少ないので、燃焼するときに煙は出ない。しかし、炭の上に水分を含んだ地（タレ）が落ちると、炭の表面で水分は蒸発し、タレに含まれる有機物が高温で加熱され煙が生じる。

16 焼き上がったサワラ。

基本の肉　牛肉《ぎゅうにく》　サーロイン

○ステーキに代表される部位で、腰寄りのロース肉である。ここではサシの入った黒毛和牛のサーロインA5を使用した。
○やすませながら焼き上げる方法と、やすませずに一気に焼き上げる2通りの焼き方を紹介する。
○サシが均等にまんべんなく入っている肉の場合は、脂を介して内部まで火が通りやすいので、弱火でゆっくり焼いてもよいし、比較的強火で焼いて、何度かやすませて、余熱で火を入れるという手法をとることもできる。

焼きものの科学

なぜ血が出るのか?

○処理された切り肉から赤い汁が出るのは血ではなくて、肉色素であるミオグロビンを含む肉汁である。表面のたんぱく質の熱凝固の仕方によって内部から表面にしみ出してくることが考えられる。
○ミオグロビンは、加熱されるとメトミオクロモーゲンに変化し、煮えた肉の色になる。肉の内部が65℃以下のレアの状態では、鮮赤色で肉汁が多い。70℃では赤味が減少し、ピンク色になる。
○肉汁の出方は、肉の収縮の仕方とも関連がある。肉は45℃くらいから形が変形して筋繊維方向の長さは短くなる。さらに60℃くらいになるとたんぱく質の凝集・凝固が起こり、肉が収縮して小さくなる。表面だけが温度上昇が速いと、表面の部分で急激な収縮が起こり、内部の肉汁が押し出される。表面と内部の温度差が大きく、内部はまだ生焼けの場合には、赤い肉汁が押し出されることになる。

焼きものの科学

余熱の間においしい肉汁は流出しないのか?

○いくらかは肉汁が流出することは避けられないと思われる。肉汁が流出する量は、表面の加熱状態によって異なる。

焼きものの科学

なぜ肉は常温に戻してから焼くのか?

○室温に戻してから焼くのは、表面と内部の温度差をできるだけ小さくするということだと思われる。
○低い温度から焼いた場合には、表面がちょうどよい焼き状態に達しているのに、内部はまだ加熱不十分という状況が起きる。できるだけ短時間で焼くことによって、内部からのうま味成分の溶出を抑えたいということもあり、室温に戻してから焼いたほうが、内部もちょうどよい焼き加減になるための時間が短縮できる。内部の温度上昇は、肉の表面から伝導によって熱が伝えられるため。
○ただし、肉を室温に放置することは、食品衛生の面からは注意が必要。そこで、できるだけ常温においておく時間を少なくするために、少しずつ温度を上げるという方法が望ましいという考え方もある。

［串を打つ］

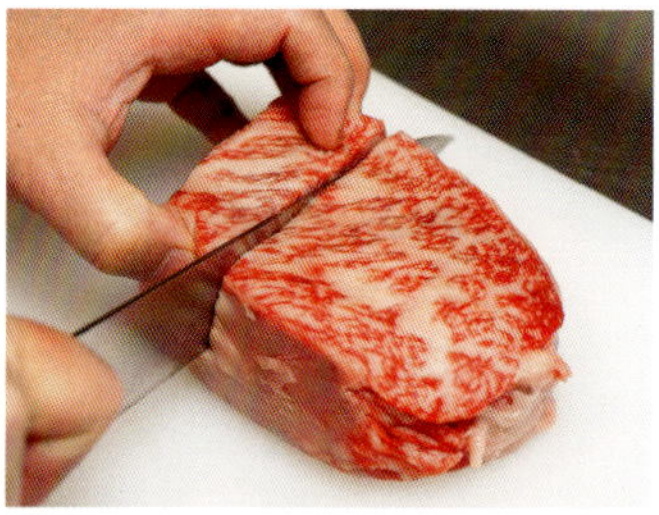

1 3.5cm厚さに切る。薄いより、厚いほうが火入れをコントロールしやすい。

焼きものの科学

○肉が薄いと、表面と内部の差をつけにくい。したがって、ある程度厚さがあったほうが、レア、ミディアム、ウエルダンなどいくつかの焼き方を調整することができる。

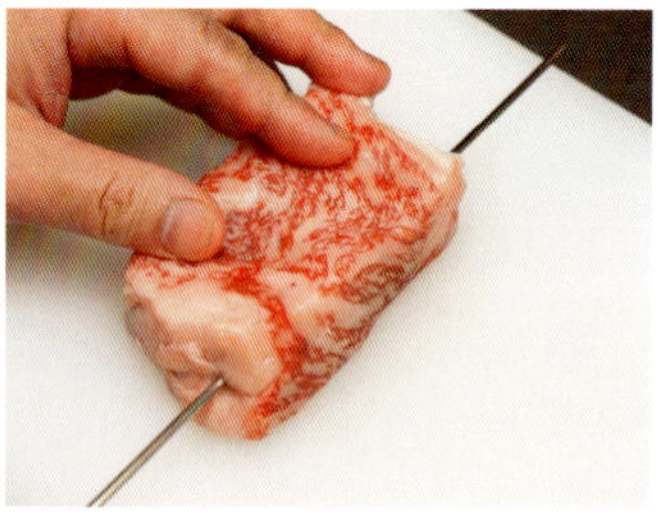

2 右から肉の厚さの半分に串を水平に通す。次に左、最後に中に串を打つ。

［塩、コショウをふる］

両面に塩、コショウをふる。サーロインは魚などよりも脂が多いので、流れ落ちることを考えて多めに。1時間冷蔵庫において味をなじませる。炭火の場合、サシが入った肉は常温に出しておくよりも、冷たく締まっていたほうが焼きやすい。

焼きものの科学

○一般には、肉の場合には、焼く直前に塩、コショウするといわれている。それは、魚の場合とは異なり、塩をして時間をおくことによって、身が締まってかたくなることを避けたいからだ。肉汁が流出することでうま味成分が一緒に溶出する可能性もある。ここでは脂身のかなりさした肉を使用しているので、塩をしてから1時間おいても何ら問題がないのかもしれない。1時間おくと塩味は肉になじむ。

焼きものの科学

○サシの入った肉を室温に戻した場合、表面の温度上昇が遅いと、脂が溶け、肉がだれてしまうことが考えられる。例えば、鉄板焼き(間接焼き)の場合には、高温の鉄板に直接接触させて表面を焼く(伝導伝熱)ために、表面の温度上昇はかなり速い。

○一方、炭火やヒーターなどでの直火焼きの場合には、熱源の温度を上げれば速く表面を加熱することは可能であるが、限度があり、加熱初期の食品の表面温度上昇は鉄板焼きよりは遅くなる。

サーロイン塩焼き

（2回やすませる）

塩コショウ↓焼く↓2分間やすませる↓焼く↓2分間やすませる↓アルミホイル

○途中で2回やすませて、余熱で火入れをする方法を紹介する。それほど厚さがない薄めの肉の場合、炭火であぶると一気に火が通ってしまうので、火からおろして、余熱でやわらかく火を入れる。

［焼く］

1 火加減は6から7のやや強火にし、焼きはじめる。 6〜7

2 表面が焼けたらすぐ裏を返す。 6〜7

焼きものの科学

○肉の表面のたんぱく質が熱凝固した状態。

3 両側が焼けたら火からおろしてバットなどに串を渡してやすませる。少したつと表面に脂が浮き出す。2〜3分間おいて、熱が落ちついてくるまでやすませる（1回目）。

焼きものの科学

○表面の温度上昇を止め、余熱で肉の表面から内部に熱伝導で熱が伝わる。やすませるのは、表面と内部の温度差をつけすぎないようにするため。

4 熱が落ちついてきたら、ふたたび6から7の火で焼く。やすませている間に表面に脂が少し浮いてくるので、火が通りやすくなる。すでに肉の中の脂も高温になっており、この脂で赤身部分にも火が入る。 6〜7

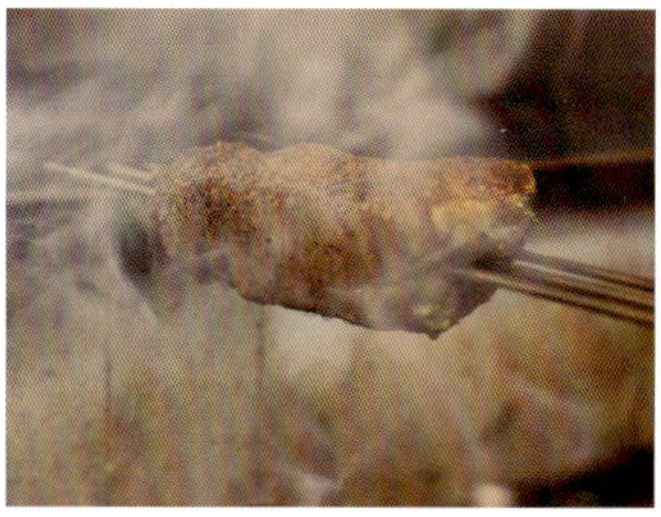

5 裏を返す。脂がどんどん流れ落ちてくる。 6〜7

焼きものの科学

○脂が炭火に落ちて燃焼し、煙に肉が包まれる。

6 串を脇によけておき、炭と炭の隙間を埋めるように、細かい炭を間に積む。隙間から炎が立ってススがつくのを防ぐため。 6〜7

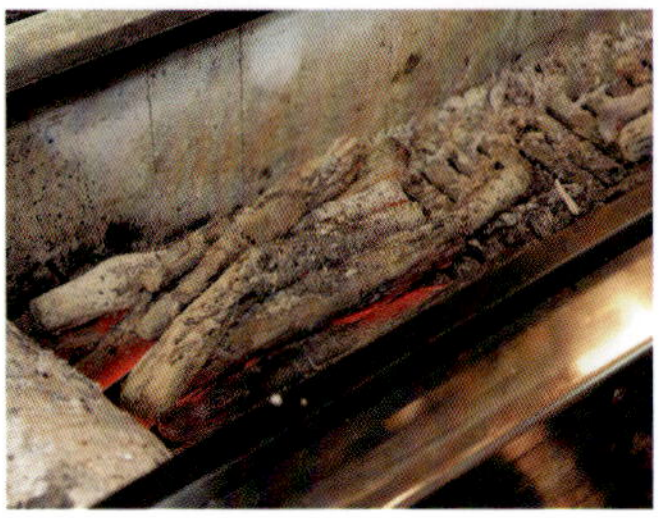

7 もしくは灰を炭の上にかけると、灰が脂を吸収してくれる。真っ赤な炭に直接脂が落ちると、炎が立って、不快な味のススがついてしまう。真っ赤におきた炭の上に灰をかぶせるか、細かい炭を間に埋めることで、炎が立ちにくくなる。

焼きものの科学

○高温の炭の表面に直接脂が落ちると、発火して炎が立つ。炭の上に灰がかかっていると、炭の温度は少し下がり、その灰が脂を吸収し、灰の成分と混ざることで炎が立つのを防ぐと思われる。

8 再びやや弱めの火5にかける。 5

9 裏を返す。かなり煙が立ってきた。 5

10 火からはずして2分間やすませる(2回目)。

11 指で押してみる。中はまだ生の状態だ。この段階で8割程度焼きは終了。

焼きものの科学

○たんぱく質が加熱されると変性し、凝固・収縮する。通常の加熱では、食品の表面から内部に向かって熱が伝わっていくため、たんぱく質の凝固は食品の外側から進行する。加熱が進むと筋細胞が締めつけられて収縮するので、肉の中に含まれている液汁は流出しやすくなり、さらに高温になるとたんぱく質の保水性も低下するので、液汁が分離し、肉内部の水分状態も変わる。そのため、内部がまだ生焼けの状態と、内部まで完全に火が通ったときでは、食品全体の弾力は変わる。

12 火加減は2に落とし、アルミホイルをかぶせて、全面から中に火を入れる。同時に側面にも火が入る。いぶされて肉に香りがつく。途中で裏返す。 2

焼きものの科学

○アルミホイルをかぶせることによって、肉の側面と上面からの放熱を抑える。炭火の周辺で温められた空気は上昇してくるので、その温まった空気がアルミホイルの内側でたまる。アルミホイルは反射率が高いので、食品の表面から放射される赤外線や炭火から放射される赤外線を反射して一部が食品にあたる。

13 焼き色が均等につくよう、焼きが浅い部分に火をあてて調整する。

14 焼き上がったサーロイン。断面。

サーロイン塩焼き

（やすませないで焼く）

塩コショウ→焼く（アルミホイル）→仕上げの焼き

○火加減は弱火。アルミホイルをかけて蒸し焼き状態をつくって、やすませずに一気に焼く。同時にホイルの中でいぶして香りをつける。焼き目から中心部までの味の変化を楽しんでいただく。

［焼く］

1 火加減を弱火3になるように炭を調節し、焼きはじめる。炭の隙間を空けないようにし、上から灰をかけて炎が立たないようにする。 3

2 すぐにアルミホイルをかける。 3

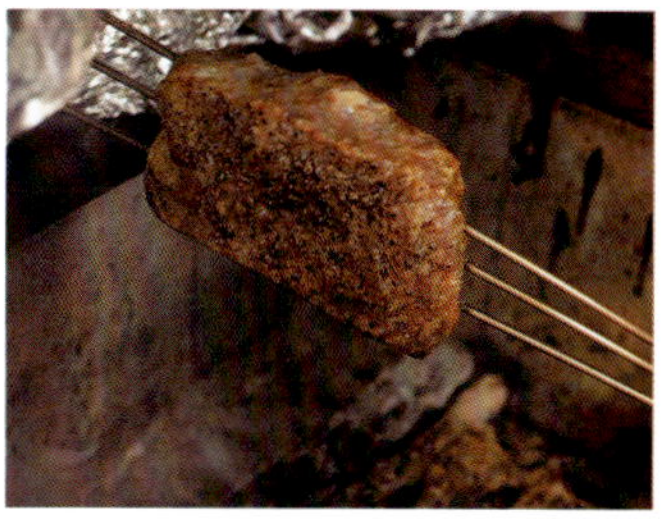

3 2回ほど裏返してじっくり焼く。 3

4 指で押してみて、火が適度に入ったのを確認する。 3

5 最後の仕上げに入る。アルミホイルをはずし、強火8にして、こうばしい焼き色をつける。 8

6 焼き上がったサーロイン。

炭火の魅力を科学する

横浜国立大学教育人間科学部教授　農学博士　杉山久仁子

焼きものには、熱源に直接食品をかざして加熱する直火焼きと、熱源によって加熱されたフライパンや鉄板などの上に食品をのせて加熱する間接焼きがある。

直火焼きでは、熱源からの熱の大半は輻射によって食品に伝えられ、その他は温められた空気からの対流伝熱で加熱される。食品を金串に刺したり、金網にのせたりした場合には、わずかではあるがそこからの伝導でも熱が伝わる。間接焼きでは、高温のフライパンや鉄板などに直接食品をのせて加熱するため、接触面からの伝導で熱が伝わる。

日本料理では、魚の塩焼きや、照り焼き、蒲焼きなど、直火焼きの調理が比較的多い。

炭火焼きは、熱源が炭の直火焼きである。炭は、着火の手間や灰の後始末等を考えると不便であるが、昔から食品を焼くには、「炭火の強火の遠火」がよいと言われており、今でもウナギや焼鳥、焼き肉を扱う店では「炭火焼き」を売りにしているところは多い。ウチワなどであおいで空気を送ることによって火の強さを変えられることが長所のひとつであると考えられているが、食品の状態に合わせて火力を調節するには、熟練の技術が必要とされる。

【白炭と黒炭の製造工程と用途】

Q1　白っぽい炭と黒い炭がありますが、どう違うのですか?

木炭には、「白炭」と「黒炭」がある。木炭づくりにおける炭やきの工程の大筋は同じであるが、炭やきの最後の処理、火の消し方が異なり、まったく違う性質の木炭ができる。

白炭は、ナラやカシを使用し、炭やきの最終段階でかまの口を大きく開いて空気を大量に入れる。すると炭材に火がつき、１０００℃以上の高温になる。真っ赤になった木炭をかま口から引きずり出して水分を含ませた灰(「消粉」という)をかぶせて火を消す。灰をかけて火を消すため、表面が白っぽくなり「白炭」と呼ばれるようになった。

白炭はかたく、たたくと金属性の音がし、断面は銀灰色に光り、割れ目が少ない。ウバメガシを原木とする備長炭が有名である。

黒炭は、マツ、クヌギ、その他の雑木を６００～７００℃で炭化させてから、かま口や煙道口を密閉して空気を遮断して火を消してかまの中で自然に冷却させる。

そのため、炭には火がつかず、真黒になる。黒炭は、炭化した樹皮がついており、断面に割れ目が多い。白炭のほうが黒炭よりも揮発分が少なく、炭素含有量が高い。

木炭を加熱し、発火温度になると、炭素が空気中の酸素と反応して発熱し、燃焼に必要な温度を維持し、燃焼が続く。

図1　炭火の表面温度

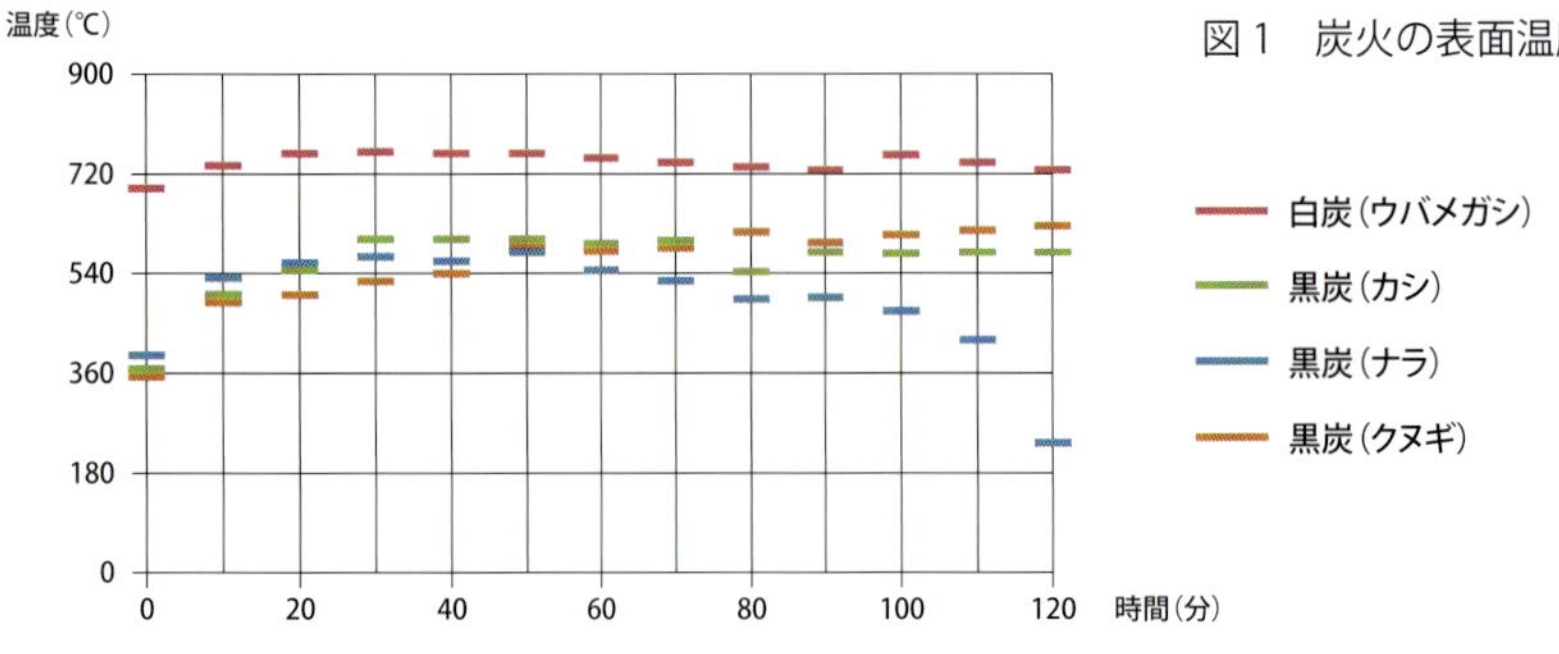

辰口、阿部、杉山、渋川
炭焼き加熱特性の解析(第1報)
熱流束一定条件下での
伝熱特性の比較
日本家政学会誌、55、9、707-714(2004)

炭火は炎をともなわない火で、燃焼して赤くなった炭の表面温度は500～800℃であり（図1）、食品は主として赤くおきた炭の表面から放射される赤外線による輻射伝熱で加熱される。

白炭は黒炭よりも着火温度が高く、火付きは悪いが、燃焼は長時間持続する。つまり火持ちがよい。ウチワなどであおいで空気を送ると燃焼がさかんになって1000℃近くまで温度が上昇する。

なお黒炭と白炭は製造法による分類の違いであり、どんな木材でも黒炭も白炭もつくることはできる。調理用として最高級の白炭は、ウバメガシを炭材とする備長炭、茶道用として最高級の黒炭は、クヌギを炭材とする池田炭、黒炭で一般用としてよく使われているのは、ナラを炭材とするナラ炭である。

［ガスと電気の伝熱方法］

Q2　ガスこんろや電気ヒーターを熱源とした場合の伝熱のしくみは？

ガスこんろの場合、バーナー内部で燃料であるガスは空気（一次空気）と混合され、さらに炎の周りから空気（二次空気）を取り込んで燃焼する。

内炎（炎の内側にある水色で明るい部分）の少し上の部分は、条件によって異なるが、最高温度1600～1800℃になる。ガスの炎は鍋底に直接触れて伝導伝熱で加熱したり、周囲の空気を対流伝熱によって加熱する。炎からの熱放射は低いので、輻射伝熱はあまり期待できない。

電気の場合には、電気ヒーターが食品の加熱に用いられている。ヒーターの種類は、シーズヒーター、石英管ヒーター、遠赤外線ヒーター、ハロゲンヒーターなど複数あるが、いずれもヒーターから放射される赤外線による輻射伝熱によって加熱される。オーブンやトースターで使用されている電気ヒーターの表面温度は、300～400℃程度である。

［輻射伝熱の調理上の特徴］

Q3　輻射伝熱とはどんなものですか？

輻射伝熱は、物体の表面から放射される電磁波による伝熱である。輻射伝熱に係わる電磁波は赤外線および可視光線と紫外線の一部である。太陽光によって地球が温められるのも、赤外線ストーブによって身体が温められるのもこの輻射伝熱による。

炭と魚を例にあげて考えてみよう。炭も魚もその温度に応じて内部エネルギーの一部を電磁波として放出している。それぞれの表面から放出される電磁波は真空中や空気中では、ほとんど吸収されないために減衰せず、物体の表面に電磁波が到達し、一部は表面で反射され、残りは吸収される。吸収された電磁波は熱エネルギーに変化する。炭のほうが魚よりも表面温度が高く、放射されるエネルギー量が多いために、

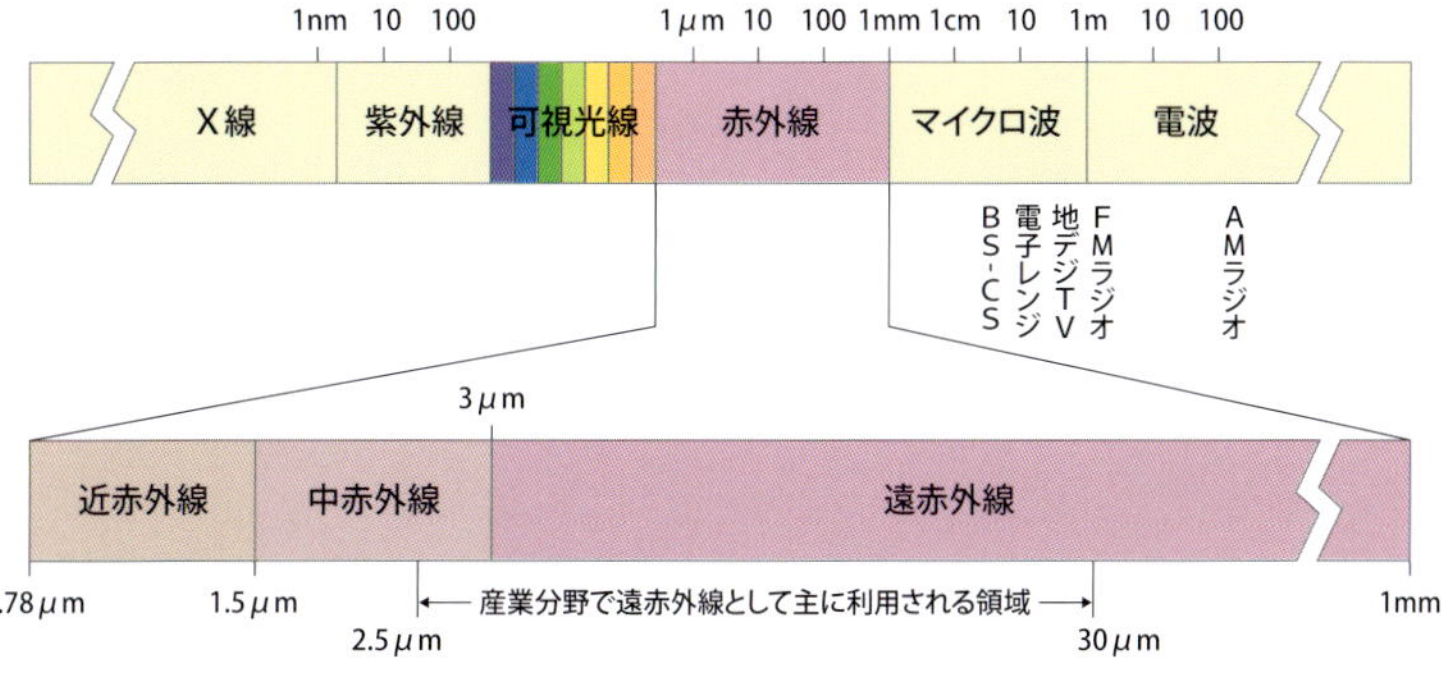

図2　電磁波および赤外線の区分

魚が加熱され、温度が上昇する。
魚と熱源となる高温の炭が直接触れることなく、離れた状態で熱が伝わるため、魚の表面を汚すことなく加熱ができる。
また、炭から放射されるエネルギー量は温度の4乗に比例するために、熱源の温度の調整によってエネルギー量を急速に変化させることができる。

［赤外線の放射特性］

Q4　調理上にあらわれる近赤外線、中赤外線、遠赤外線の違いを教えてください。

直火焼きでは、主として輻射伝熱によって食品は加熱される。伝熱量は熱源の温度によって異なるが、熱源から放射される電磁波（主として赤外線）の波長の影響も受ける。

赤外線とは、可視光線の赤色よりも波長が長く、電波よりも波長の短い、波長0.78μm～1㎜の電磁波をさす。

赤外線は、波長の短いほうから近赤外線、中赤外線、遠赤外線に分けられる。各区分の波長は、研究分野によって異なるが、食品加熱の分野では、3μm以上を遠赤外線としている（図2）。

食品の構成成分である水やでんぷんは、遠赤外線部分の波長の吸収率が高いために、遠赤外線部分の波長の放射率の高い熱源で加熱したほうが、食品表面で赤外線が効率よく熱に変わり、食品の表面温度が上がりやすく、焼き色は濃くなる。

食品内部には伝導伝熱によって加熱されるために、表面の温度上昇が速ければ、内部も速く加熱されることになる。

一方、近赤外線は、他の赤外線に比べて吸収率が小さく、食品表面では赤外線は透過し、数㎜内部で熱に変わる。そのため、表面の温度上昇は遅く、焼き色はつきにくいが、表面の水分蒸発は促進され、食品表面の乾いた層（クラスト）が厚くなりやすい。

［黒体の性質をもつ炭火］

Q5　炭火と電気ヒーターはいずれも輻射伝熱による加熱ですが、放出される赤外線はどのように違うのですか？

炭火からは、赤外線の中でも遠赤外線が放射されていると考えられているが、炭火からの赤外線の放射特性は理想的な物体である黒体に近く、近赤外線から遠赤外線まで赤外線波長領域全域で放射率が高いことが確認されている（図3）。

黒体とは、ほかの物体からの熱放射をすべて吸収してしまう物体のことであり、表面から放出されるエネルギー量も最大で、物質の中で最も効率よく輻射熱を出すものである。黒体は現実には存在しないが、近い性質をもつ物質は存在し、炭火がそのひとつである。

食品の加熱に使われている電気ヒーターの分光放射率を図4に示した。従来から使用されている発熱体のニクロム線を金属のカバーでおおったシーズヒーターや、明るく光るハロ

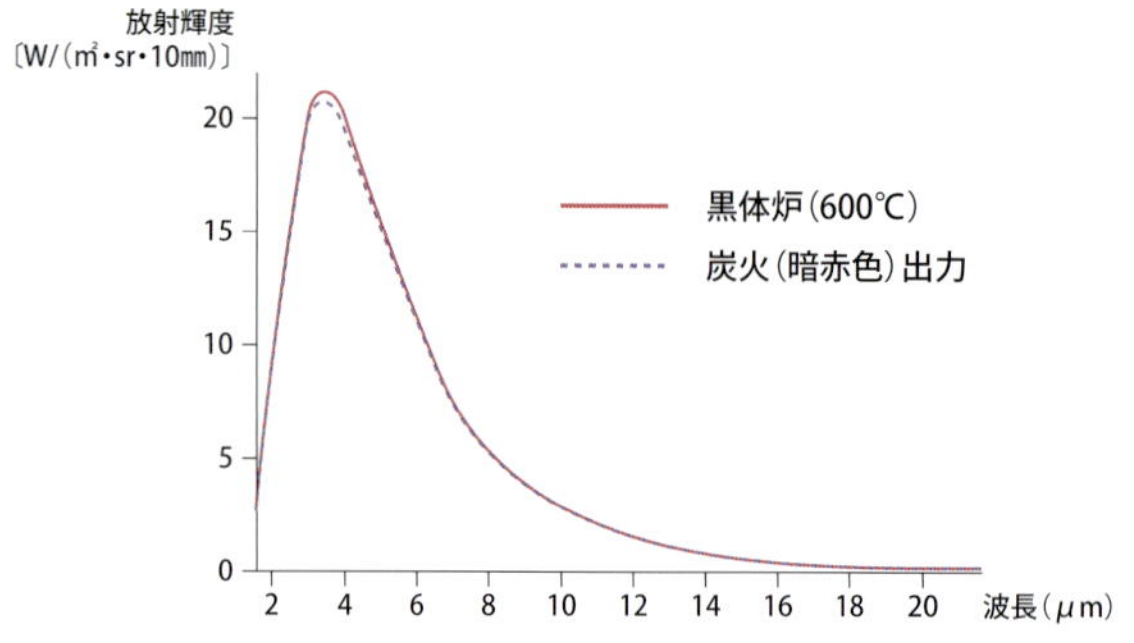

図3　炭火からの赤外線分光放射強度

東京都立工業技術センター、
赤外線の利用技術、p.34（1991）

ゲンヒーターは、遠赤外線領域の放射率が低い。一方、遠赤外線領域の放射率が比較的高いセラミックヒーターなどを遠赤外線ヒーターと呼んでいる。

遠赤外線が食品の加熱で注目された一九九〇年頃は、遠赤外線ヒーターで食品を加熱すると効率よく加熱できる理由は、遠赤外線が食品の中まで浸透するからだと考えられていた。それは、遠赤外線が赤外線の中でも波長が長く、隣接するマイクロ波が電子レンジ加熱で利用されており、食品内部に浸透して加熱するという特徴を持っていることと関係していたのではないかと考えられる。

しかし、実験を重ねていくと、近赤外線は食品の表面から数㎜ほど中に浸透するが、遠赤外線は食品中に浸透せずに、食品表面の極薄い部分で効率よく熱に変わっていることが明らかになった。

遠赤外線は、食品表面で効率よく熱に変わるために表面の温度上昇が速く、焼き色がつきやすい。食品内部への熱の移動は伝導伝熱によって伝わるため、表面温度上昇が速ければ、内部温度の上昇も速くなる。とくに表面の色で食品の焼き上がりを判断する場合には、焼き時間を短縮することができ、食品からの水分蒸発を抑えることができる。

［遠赤外線を吸収放射しやすい物質を繊維に加工］

Q6 遠赤外線入りの靴下って温かいのですか？

遠赤外線は、食品加熱の分野だけでなく、衣料分野でも利用されている。

「遠赤外線加工繊維」とは、遠赤外線を吸収・放射しやすいセラミックスなどの物質を繊維の内部に練り込んだり、繊維の外部にコーティングしたものである。人体から放射される遠赤外線を吸収し、再放射するため、未加工製品に比べて保温性が向上されるというしくみだ。

［有機物を燃やし尽くしてつくる炭］

Q7 なぜ炭は長時間火力を保てるのでしょう？

炭の組成を表1に示す。炭の成分は大半が炭素であり、炭素が空気中の酸素と反応して燃焼する無炎燃焼である。

木材が燃えるときには、木材に熱が加えられることによって、木材に含まれている有機物が変質して揮発性の気体を発生し、それが燃焼して炎となり、その炎で木材が燃える。

炭は、炭やきの工程において、木材の有機物がほぼ燃えきった状態となっており、炭素以外の不純物が非常に少ない。そのため、炭素自体が酸化して燃焼する。

気体が燃焼する有炎燃焼に比べ、炭火のような無炎燃焼は炭の表面が周囲の気体との間で燃焼反応を起こして燃える現象なので、有炎燃焼に比べると反応速度が遅く、長時間火力を保つことができる。

図4　電気ヒーターの分光放射率の例

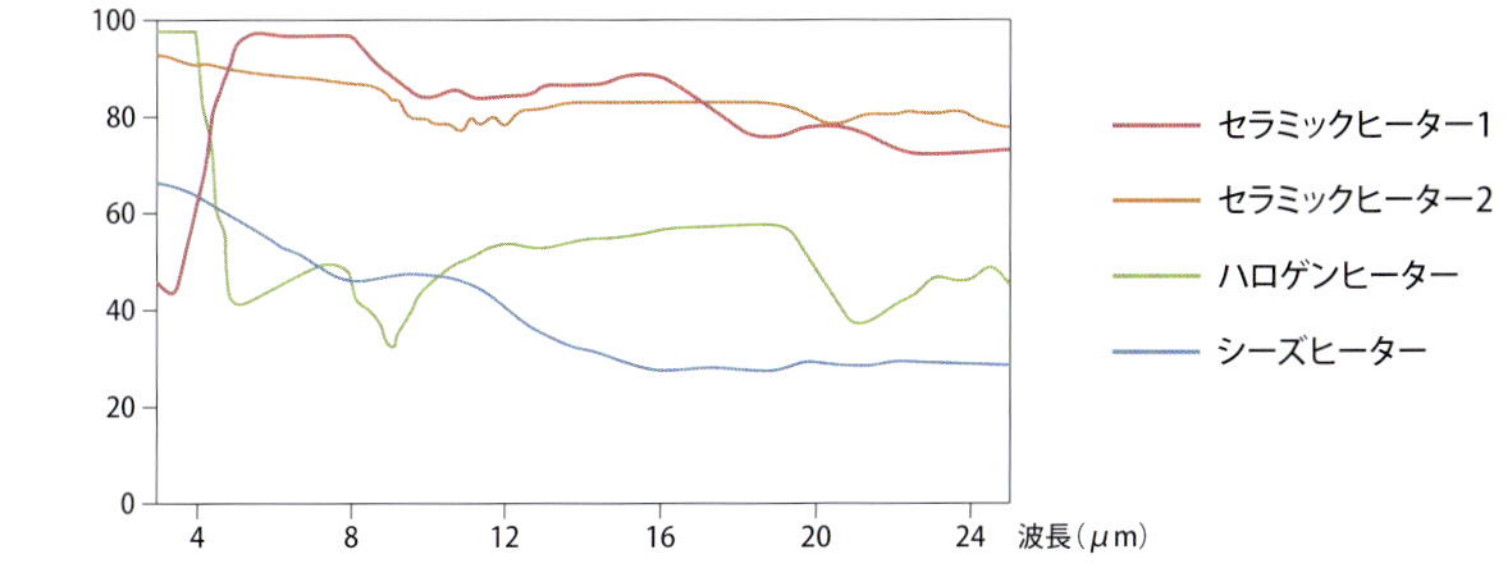

【火持ちが短い多孔質の樹種】

Q8　炭をつくる木の種類による火持ちに違いはありますか？

燃料用の木炭は製造法によって白炭と黒炭に大別されるが、樹種は、クヌギ・ナラ・カシ・マツなどがある。原料木材の性質で、違った木炭ができる（表1）。

木炭には、炭素のほかに、水素、酸素が含まれており、灰分としてカリウム、カルシウム、ケイ酸、アルミナ、鉄、マンガン、その他多数の無機成分を含んでいる。これらの成分は、原木の樹種と炭化の程度でかなり違いがある。

黒炭は、炭の銘柄などで炭化の程度にかなり変動があるが、白炭はかまの最終温度が一様に1000℃位に達し、焼きムラが少ないために、炭化の程度に違いが少ない。

木炭の組織は穴が多く（多孔質）、空気を通しやすい性質がある。木材の内部表面積は、1グラム当たり200〜400㎡と言われている。送り込まれた空気が内部にまで浸み通って反応し、木炭と反応して生成されたガスは排出される。

木炭の中でも特に多孔質であるのは、白炭よりも黒炭である。樹種でいうと、マツやスギなどの針葉樹の方がナラやカシ、クヌギなどの広葉樹より多孔質である。多孔質のほうが、炭の内部表面積が大きく反応性が大きいので、火持ちは短い。

また、成分組成から考えると、無機成分が多い木炭は燃焼しやすいが、広葉樹炭のほうが針葉樹炭よりも無機成分が多い。

【消し炭が着火しやすいわけ】

Q9　水をかけた消し炭はどうして何度も使えるのですか？　また新しい炭との違いは？

炭が燃え尽きる前に火を消した炭のことを「消し炭」という。バーベキューなどで使い切れずに残った炭を消し炭にして保存しておけば、再利用することができる。消し炭は新しい炭よりも着火しやすいので、次に炭を使用するときに火種として用いると便利である。

通常は、「消し壺」（金属製もしくは陶器の壺で蓋が付いている）に入れて、蓋をして酸欠状態にし、火を消す。急ぐときや大量にある場合には、水をかけたり、バケツに入れた水に炭をつけたりして火を消すこともできる。ただし、炭はかなり高温になっているので、水は大量に必要であるし、バケツを使用する場合には、金属製のものを使用する方がよい。

水を使って消し炭を作った場合には、あとで乾燥させておくことも必要である。七輪などを使用している場合には、直接水をかけると七輪が割れることがあるので、注意が必要である。

なお、消し炭が着火しやすいのは、灰の中に含まれる炭酸カリウムが触媒として働き、着火温度を下げ、着火しやすくなるためである。

表1　日本木炭の性状の一例＊

区別	樹種	元素組成（%）			発熱量 (cal/g)	硬度＊＊
		炭素	水素	酸素		
黒炭	コナラ	89.34	2.59	6.02	6.858	11
	カシ	87.90	2.72	7.06	7.535	3
白炭	コナラ	93.76	0.38	3.76	6.980	20
	カシ	94.69	0.60	1.98	6.995	9

＊分析値は木炭品評会に出品された最高品質の木炭の分析値。
＊＊ 硬度は三浦式木炭硬度計による。
岸本定吉『木炭の博物誌』p.40、総合科学出版（1993）より

［炭火の炎の原因］

Q10 炭から炎を立たせないためにはどうしたらいいですか？

炭は成分の大半が炭素であり、揮発性成分が非常に少ないため、炎を出さないで燃える無炎燃焼である。ただし、ウチワなどであおいで空気を送り、温度が１０００℃以上になると、赤熱した表面の上に、淡い青色の炎が見られる。

これは、炭の表面で無炎燃焼によって生じた二酸化炭素と炭が反応して一酸化炭素になり、それがさらに空気中の酸素と反応して二酸化炭素になる反応が、青い炎の中で起こっている。炎を立てないようにするためには、ウチワであおぐ空気の量を多くしすぎないことだ。

また、炭の上に食品から肉汁や脂などの有機物が落ちて炭の表面につくと、それが燃えて炎が出る場合がある。炎を立てたくないときには、食品からの落下物が炭の高温部に直接あたらないように炭を少しずらしておいたり、炭の上に灰をかけて灰に落下物を吸収させたりするなどの工夫も必要だ。

［対流伝熱を輻射伝熱にかえる方法］

Q11 ガスで炭火のよさを再現するには？

ガスの炎は高温であるが、炎からの輻射はほとんどない。周囲の空気を温めて、その温まった空気で加熱する対流伝熱が主となる。

ガスで炭火を再現するためには、ガス火で金属の板やセラミックの板などを加熱して、その板からの輻射伝熱を利用するとよい。炭火に近づけるためには、炭火と同じくらいの温度まで加熱でき、遠赤外線領域の赤外線を多く放射する（放射率の高い）材質や表面加工を施してあるものを使うことが重要である。遠赤外線を放射すると表示されている魚焼き網が市販されているので、利用するとよい。ただし、加熱した魚焼き網と食品の距離をとる必要がある。

ガスこんろの上に設置する組み立て式の金属製の鉄灸（鉄弓、下写真参照）もあるが、ない場合はレンガをアルミホイルで包み、こんろの両脇に設置し、そこに金属製の角柱型の細長い棒を2本渡し、串に刺した食品をのせて加熱する。または、金網をのせて、その上で食品を焼く。市販の魚焼き網の中には、金属板やセラミック板と金網がセットされているものがあるが、両者の距離が数センチと短いので、〝強火の遠火〟にするために、鉄灸を利用するのがよい。

ただし、炭火の燃焼ガスには還元性のガスである一酸化炭素や水素が多く含まれているため、このように工夫しても炭火で焼いた食品の独特の香りを再現することはできない。

参考文献
○杉山、渋川、放射加熱における赤外線波長の食品表面への浸透性、日本家政学会誌、５３、４、３２３－３２９（２００２）
○石黒、阿部、辰口、蒋、久保田、渋川、炭焼き加熱特性の解析（第２報）炭焼き食品のにおいの検討、日本家政学会誌、５６、２、９５－１０３（２００５）

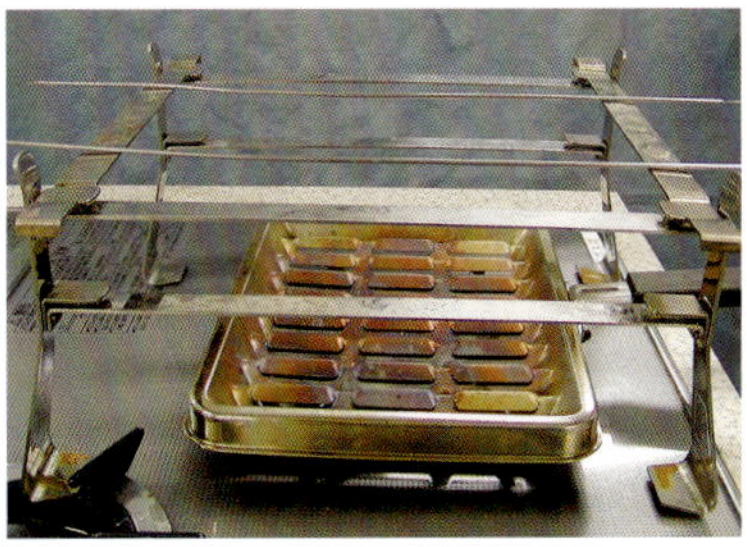

鉄灸
ガスこんろの上に金属製の魚焼き網をおき、鉄灸を組み立てた様子。上部の細い金串に食品を刺して加熱する。

2章 魚介

鮎《あい》女《な》魚《め》

木の芽味噌焼き

塩↓焼く↓味噌がけ↓味噌をあぶる

○アイナメは脂が少ない淡白な味わいの魚。燻香がつきにくいので、木の芽味噌をのせて旨さを加える。
○まず中火で皮を焼いて切り身の形を決めたら、骨切りをした身1枚ずつに火が通るよう弱火に落とす。最後は皮がパリパリに焼けるよう強火に。皮が焼けたら、木の芽味噌をあぶって仕上げる。

［木の芽味噌］

玉味噌　200g
木の芽(葉のみ)　10g
青寄せ　20g

＊木の芽をすり鉢でよくする。ここに玉味噌と青寄せを加えてすり混ぜる。

［切り身］

1 三枚におろして中骨を抜く。

2 5㎜間隔に切り目を入れる。皮まで切らないように気をつけて、ぎりぎりのところまで包丁を入れる。

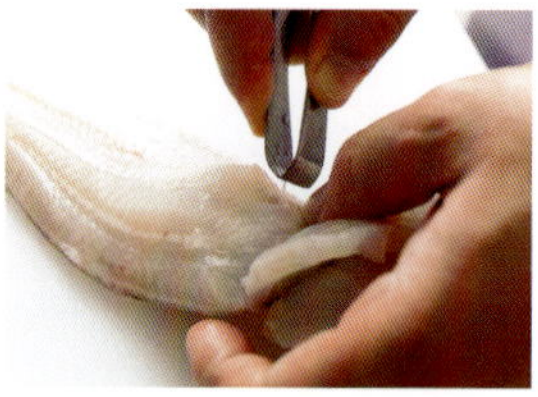

3 包丁に骨が当たったら、そのつど骨抜きで抜く。腹のあたりまでは、中骨が曲がっているため、あらかじめ抜いておいても、まだ残っているので。

4 1切れ100gに切り分ける。

［塩をあてる］

バットに塩を少量ふり、その上に皮を下に向けてアイナメを並べ、さらに上から塩をふって、切り身全体に塩をまわす。10分間常温においてで塩をなじませる。

［串を打つ］

1 皮の少し上あたりに細串を通す。これより上に通すと、身崩れしやすくなる。切り目1枚ずつにていねいに通す。

2 右、左、中2本の順に4本打つ。本数は切り身の大きさに合わせる。

パリパリに焼いた皮と、
上にかけた木の芽味噌が決め手

［焼く］

1 炭は4くらいの中火に調節して、皮側から焼きはじめる。 4

2 皮の表面が乾いたら返して身側を焼く。最初に皮を焼いて形をある程度決める。ただし焼きすぎると、皮が縮んで丸まってしまうので注意。 4

3 切り目の中まで火を入れたいので、火を2の弱火に落とす。強火では身がぱさつき、切り目のふちがこげてしまう。 2

4 この段階では焼くというよりも乾かすイメージ。側面からも火を入れて、切り目1枚ずつの形を固めて水分と脂をじっくり出す。 2

5 引き続き身側から火を入れていく。うっすらと焼き色がついてきたら3から4の中火程度に上げる。弱火で焼き続けると、旨みが抜けてしまう。 3〜4

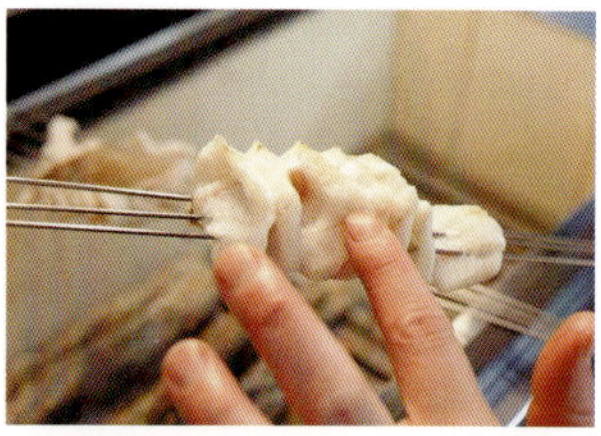

6 切り目を開いてみて、皮近くまで火が通ったら、裏返す。 3〜4

7 皮側を焼く。 3〜4

8 皮がパリパリになるように、炭を積み足しながら、火加減を5から6、6から7へ徐々に上げる。 5〜7

9 皮がぷくぷくとふくれてきた。この程度まで皮に焼き色をつける。 7

10 火からはずし、スプーンで木の芽味噌を身側にのせる。

11 火加減を2に落として、味噌に火を通す。 2

12 こげないよう、まんべんなく味噌に焼き色をつけるために、赤くおきた炭を上からあててあぶる。 2

13 味噌が固まって、色づいたら焼き上がり。 2

14 木の芽味噌にこうばしく焼き色がついた。

あおりいか

○身のほうは、しっとりとした食感を残し、食べたときに口の中でシャープに立った包丁目を感じられるよう、おもに表側から焼いてレアに仕上げる。

○エンペラは、表面のみをこがすようなイメージで焼いて、コリコリとした歯ごたえを残す。薄いエンペラは、表側を焼くと裏まで火が通るので、裏側はさっと焼くのみ。焼きすぎるとかたくなってしまうので注意したい。

［切り身］

おろして皮をむいたイカを4等分に切る。1枚100g。エンペラは2等分に切る。こちらは1枚約50g。

［串を打つ］

1 包丁目を斜めに細かく入れる。表側の面から4割ほどの深さまで。

2 縫い目のように串を通して波の形をつくる。

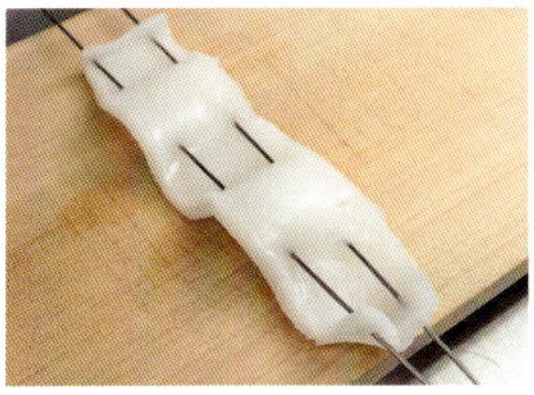

3 平行にもう1本打つ。

4 エンペラは張りをもたせたいので、切り目は入れない。形が均等でないので、横にして串を縫うように打つ。少し波打たせるように。

5 この大きさのエンペラならば7本の串を打つ。

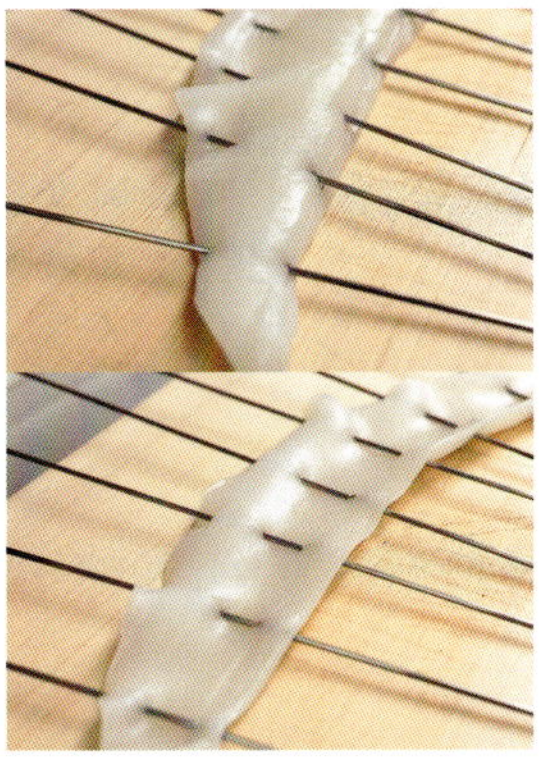

6 串を打ったエンペラの表側(上)と裏側(下)。

［身を焼く］

1 火加減は10。イカは強火でさっとあぶるのみ。イカに火を近づけたいので真っ赤におきた炭を高く積み上げる。

10

2 表面を焼く。ウチワであおぎながら、強火を保つ。

10

3 イカの裏面にも熱がまわるように、炭を移動させる。さらにウチワであおぐ。

10

4 パチパチ音がしてきたら、火加減を3に落とし、イカを裏返して裏面を焼く。さっと温める程度でよい。

3

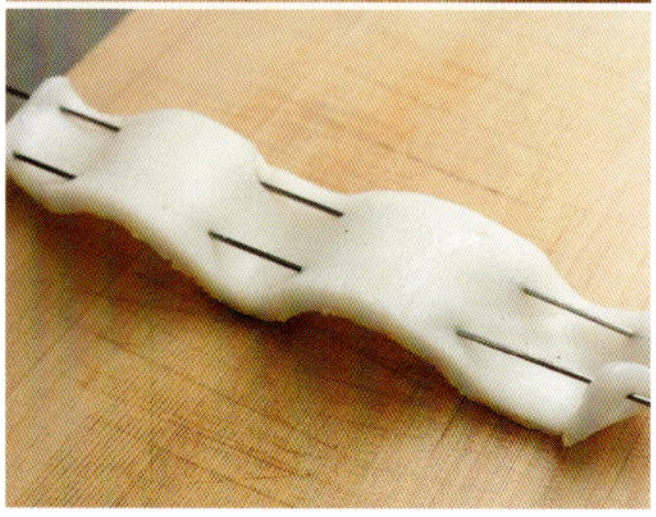

5 すぐに火からおろす。表面と裏面。裏面には焼き色はつけない。塩をふってスダチを添える。

［エンペラを焼く］

6 火加減を5にして、表面から焼く。

5

7 身が縮まって、周りがやや白濁したような色に変わりはじめたら裏返す。

5

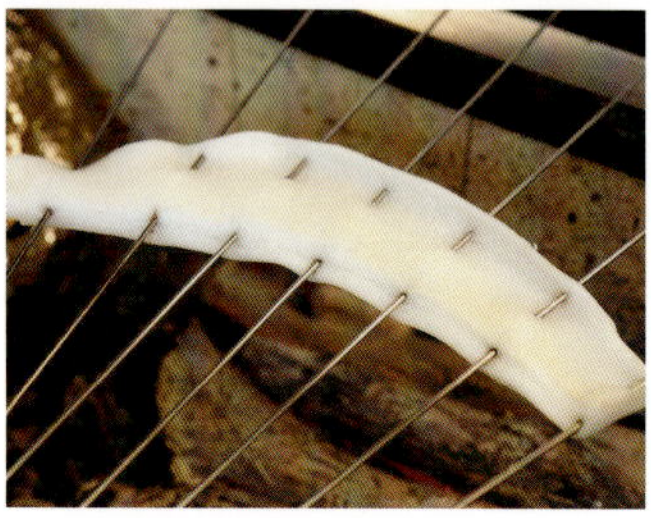

8 身が薄いため、すでに6、7で裏面にある程度火が通っているので、裏面はさっと焼くのみ。

5

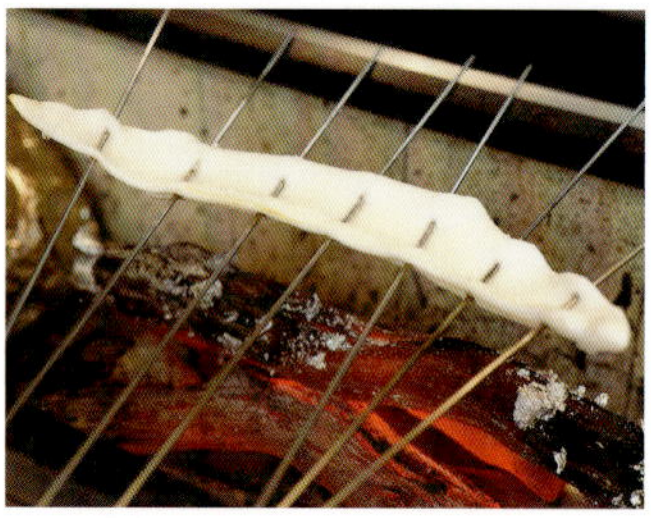

9 火加減を8に上げて返し、表面に焼き色をつける。裏面まで焼き色をつけると、パリパリの煎餅のようになってしまう。

8

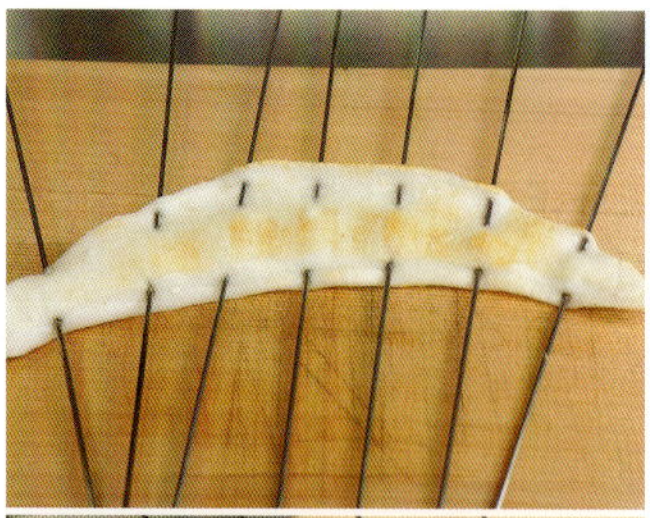

10 焼き上がったエンペラ。

身はレアに、
エンペラはコリコリと
焼き分ける

赤むつ

実山椒焼き

つける→焼く→かけ焼き→15分間やすませる→かけ焼き

○ノドグロともいう。皮と身の間のゼラチン質が非常に豊富な魚である。2kgクラスの大型のものが望ましいが、なかなか入手がむずかしいのが実状だ。しかし焼きものには身の厚さが欲しいので、なるべく大きなアカムツを使いたいところである。

○アカムツはマナガツオなどよりも脂が多い魚で、とりわけ寒い季節にはかなり脂がのってくる。この時期には、味噌幽庵地に実山椒を混ぜた地をかけて焼く。アカムツに脂が多い分、味がのりにくいので、地はたっぷりとかける。

［実山椒入り味噌幽庵地］

幽庵地　500g
- 味醂　2
- 酒　1
- 濃口醤油　1

実山椒煮　30g
白粒味噌　300g

＊実山椒煮をすり鉢でよくすり、幽庵地とすり合わせる。白粒味噌をよく混ぜる。

［切り身］

1kgくらいのものならば、三枚におろして形を整え、半身をそのまま使う。大型のものならば、片身をさらに切り身にして用いる。皮目には細かい包丁目を入れて、じわじわ出てくる脂でカリッと焼き上げる。

［つける］

容器に実山椒入り味噌幽庵地を注ぎ、アカムツを並べる。上からはペーパータオルをかけて、まんべんなく表面にいきわたらせて90分間おく。

［串を打つ］

尾から頭のほうに向かって串を打つ。まずは右側に打ち、左側、中央の順に3本打つ。身をうねらせて、両づま折りにする。

［焼く］

1 まず盛りつけ時に表になる皮側から焼きはじめる。火加減は弱火2。

2

2 皮が乾いてうっすらと色が変わってきたら裏返す。この段階で皮側から2割程度火が入っている。

2

3 身側を焼く。表面が乾いて、色が変わるまで焼く。身側からも2割程度火を入れる。

2

豊富なゼラチン質と身にたくわえた脂には、
こってりした味噌幽庵

4 一旦火からはずし、かけ地をたっぷりかける。かけ地は味噌幽庵地(→16頁)に実山椒煮を粒のまま加えたもの。

5 表になる皮側にかけ地を残すために身側から焼く。身側から3割まで火を入れる。 （2）

6 裏返して皮側を焼く。火加減はずっと2を保つ。かけ地が炭に落ちると温度が下がるので注意。 （2）

7 火からはずしてかけ地をたっぷりかけて、身側をさっと焼く。 （2）

8 すぐに火からおろして15分間ほどやすませる。余熱で全体の6割まで火が入った。

9 火加減を3から4に強くし、身側から焼いて温める。 （3～4）

10 裏を返して、皮側を同様に焼く。 （3～4）

11 火からはずして、かけ地をたっぷりかける。

12 かけ地が落ちて温度が下がりやすいので、真っ赤におこした炭を積んで火を強くする。火加減を6から7程度まで上げる。まず身側から焼く。水分を保持しやすい味噌幽庵地をかけているので、強火にしてもこげにくい。 （6～7）

13 裏を返して皮側を焼く。 （6～7）

14 火からはずして、かけ地をかける。

15 火加減を8まで強くし、身側、皮側から焼いて仕上げる。 （8）

16 焼き上がり。串を抜き、実山椒を散らして盛りつける。

鯵《あじ》

尾頭付き

塩→焼く

○尾頭付きは、姿のよさが肝心。魚の活きのよさを再現するための串打ちが大事になってくる。あたかも生きているがごとく身に波を打たせる。

○頭も骨もついているので、しっかり火を通すため、弱火でじっくりと焼き上げる。身崩れしないよう、なるべく何度も返したり串を移動させないで、焼き台の炭を高く積んだり、低く平らにしたりして火加減を調節する。

［水洗い］

1 ウロコをひいて、エラを抜いておく。270g、体長31cmの徳島産のアジ。

2 盛りつけ時に裏になる側の胸ビレのつけ根から、腹に向かって斜めに包丁を入れる。

3 ここから包丁の切っ先を差し入れて内臓を抜く。

4 ゼイゴをそぎ取る。

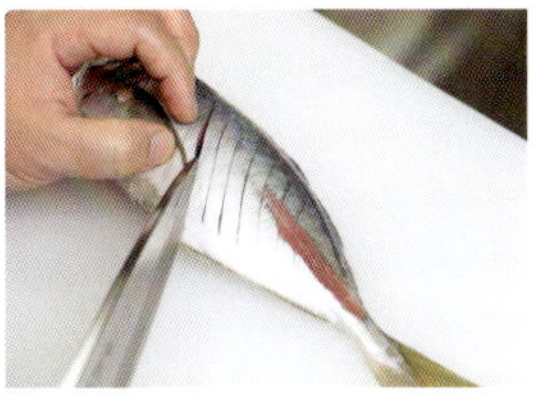

5 両側に、斜めに浅い包丁目を各12本程度入れる。

［塩をあてる］

バットに塩をふり、その上にアジをのせ、上からさらに塩をふって30分間おき、全体に塩をまわす。

［串を打つ］

1 アジの身を立てて折り曲げ、盛りつけ時の裏になる側のエラブタのつけ根から串を刺す。

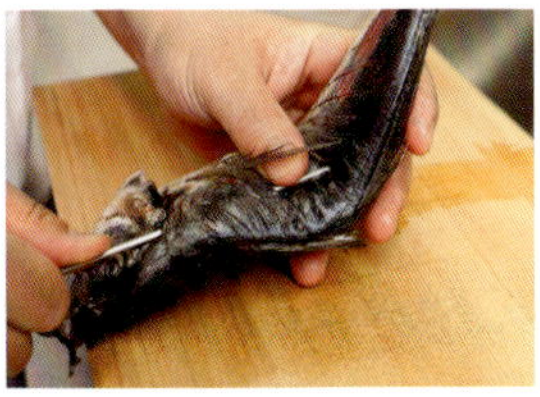

2 アジを持ち直して指2本分くらい先に串を刺し入れ、中骨の向こうまで串を通す。

3 尾ビレの手前で串を出す。

4 もう1本の串を、エラブタの下のほうに刺してエラブタを押さえる。

5 胸ビレの後ろあたりに出して、指2本分くらい先に串を刺す。

6 1本めの串と平行に串を通していき、尾ビレの手前で出す。

7 串を打ったアジ。盛りつけたときの表側には串を出さない。胸ビレ、腹ビレ、尾ビレがこげないようにアルミホイルで包む。

［焼く］

1 火加減は弱火の2。炭に灰をかぶせ、あまり積み上げずに平らに並べる。盛りつけたときの表側から焼きはじめる。

2

2 写真程度の焼き色がついたら裏返して裏側を焼く。この段階で7～8割程度の火を入れる。

2

3 裏返して表側を焼く。火を3から4に上げる。赤くおきた炭を身の部分に高く積む。

3～4

4 途中で炭を入れかえながら火力を保つ。ただし、真っ赤におきている炭よりも、灰をかぶったくらいの状態のほうが、火のあたりがやわらかくてよい。

3～4

5 この程度の焼き色をつけて、仕上げる。

3～4

6 焼き上げたアジの尾頭付き。ヒレのアルミホイルをはずして盛る。

一尾の中心から
ほっくりと火が入る炭火の魅力

穴子《あなご》

つけ焼き

白焼き→かけ焼き

○アナゴは大きいものだと1mほどになるようだが、揚げものには小ぶりのものを使い、焼きものには1尾２００〜３００ｇほどのものを使う。

○体表全体がヌメリでおおわれているが、ヌメリは焼ききるので、仕込みの段階ではそれほど神経質に洗い落とす必要はない。背開きし、タレをかける前の白焼きで、完全に火を通してから、焼きダレをかけはじめる。

○皮はパリッと、身はふっくらというイメージをもって、皮側を強めの火で焼いて、身側はやや火を弱めて焼く。

［幽庵地］

味醂　2
酒　1
濃口醤油　1

＊味醂と酒を煮きって冷まし、濃口醤油を加える。

［串を打つ］

長い魚なので、多数の串を打つ。ここでは7本の串を打った。本数が少ないと、1本にかかる重さが大きくなるため、串から焼け落ちるおそれがある。

［小骨をこそげ取る］

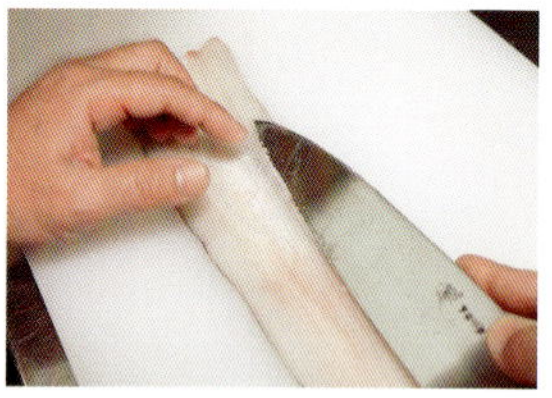

背開きにしたアナゴ。残っている小骨の両側に沿って包丁を入れて小骨を浮かせ、包丁で骨をこそげ取る。小骨が残ると食べたときに口に残ってしまう。

［身側に切り目を入れる］

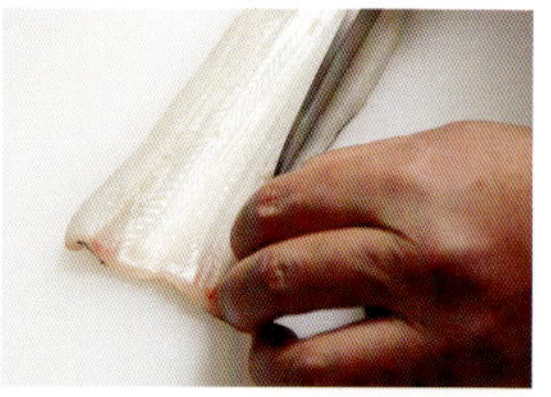

加熱で縮んだり、丸まらないように、また残った小骨を切るために、腹膜部分を含めて、身側に縦に6〜7本の包丁目を入れておく。包丁目の深さは身の厚さの半分程度。焼くと、この切り目から脂がじわじわ出てくる。

1 まず一番頭に近いところに、親串を打つ。皮目近くを通す。焼きの工程で身を返すときには必ず親串を持って返すので、しっかり確実に打つこと。その他の串もすべて皮目近くに通していく。

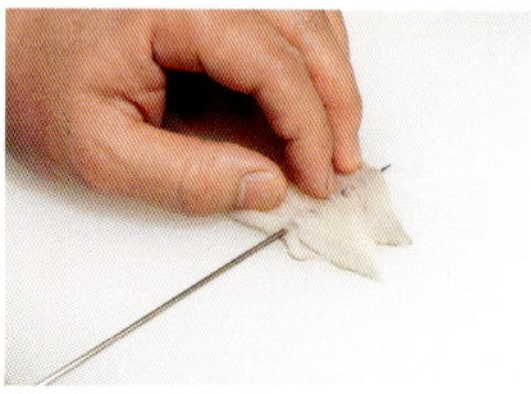

2 次に尾に近いところに1本打つ。

3 左から順に串を打っていく。

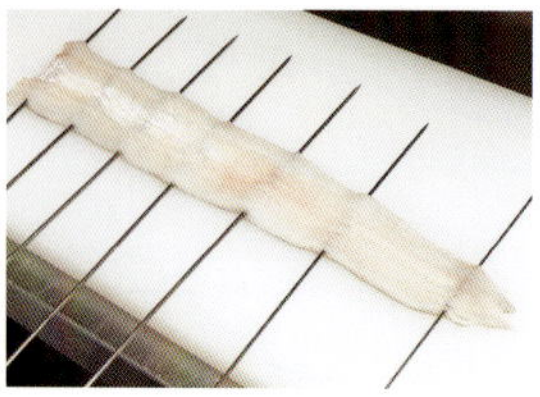

4 串を打ち終えたアナゴ。右に打ち進めるにしたがって、串に重さが均等にかかるよう、少しずつ間隔をあけている。

皮はパリッと、身はふっくら
醤油をきかせて切れ味よく

［焼く］

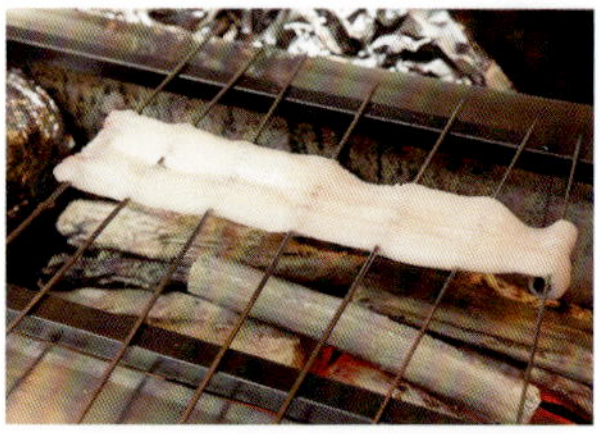

1 皮側から、中火の強火7で焼きはじめる。皮の表面のヌメリが焼け、その内側にある皮本体が焼けはじめるまで焼く。 7

2 この程度まで少し色づき、皮がふくらんできたら、親串を中心に持ち上げて裏を返す。これで2割程度まで火が入っている。 7

3 身側を焼く。炭を移動して5まで火を弱める。皮はパリッと、身はじっくりというイメージで。 5

4 包丁目から、脂がにじんで落ちはじめる。火力が落ちないよう炭を積んで調整する。 5

5 身側にこれくらい焼き色がついたら、返す。 5

6 身側に幽庵地を刷毛で、まんべんなくかける。 5

7 かけたらすぐに身側の地を乾かす。 5

8 身側に再度幽庵地をかけたら、再び身側の地を乾かす。地が乾いたら、もう1度返して、身側に3度目の幽庵地をかける。 5

9 皮側の焼き色が濃くなってきた。

10 ここではじめて皮側に幽庵地をかける。さっと乾かしてもう1度かける。皮側にも地がのってきた。 5

11 身側にもう1度幽庵地をかける。 5

12 仕上げの焼きに入る。赤くおきた炭を積み上げて火を強くする7。身側と皮側に幽庵地をかけつつ乾かしながら焼く。 7

13 最後に最強火10に移して、焼き色が薄い部分を炭火にかざして均等に焼き色をつける。 10

14 焼き上がったアナゴ。串を回しながら抜いていく。

甘鯛《あまだい》 I

塩焼き

塩→焼く

○従来焼きものは、あまり何度も返さないで焼き上げると言われてきたが、炭火の場合、両側から少しずつ均等に火を入れていくと、両側が同じ厚さで焼き固まってコーティングされ、中の水分が抜けにくくなってしっとりと焼き上がる。

○炭からも、皮側からじわじわ出てくる脂からも熱が身に入るので、それを考慮に入れる必要がある。最後は皮目を強火で焼いて、アマダイの皮目近くの自身の脂で揚げ焼き状態にし、そののち、その脂を焼ききる。

［切り目］

アマダイは、ウロコを落とし、三枚におろしたもの。背側の皮目に細かく包丁を入れる。次に身の薄い腹側に同様に切り目を入れる。このとき、布巾などを下にかませて高くしてから包丁を入れるとよい。たすきに切り落とした頭の斜めの線に対して垂直に切り目を入れると、焼いたときにふっくらと身が開いて脂が出やすい。

［塩をあてる］

バットに薄く塩をふって、皮目を下に向けて並べる。上から身のほうに塩がしみ込むように少し多めにふる。皮目を上にすると、上から塩が身に入りにくくなる。30分間は常温において塩をなじませる。水分が出てきて身がしっとりとぬれてきたら頃合。ラップをかけて冷蔵庫で30分間おく。

［串を打つ］

腹側の身が薄い部分は、均等に火を入れるために身を折って背側と厚さがそろうように串を打つ。こうして片側を折ることを片づま折りという。波のように身がうねることによって、美味しそうな焼き上がりになる。また焼いている途中で、串が回ったり抜けたりしにくくなる。

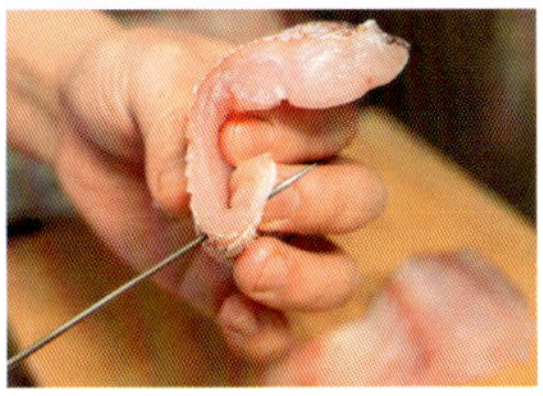

1 腹側の身を折り、皮目側から串を通す。

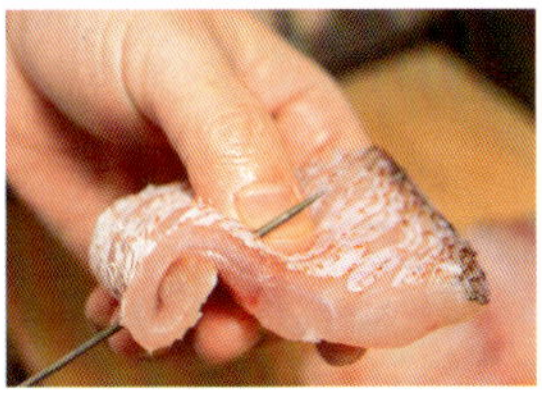

2 身を縫うようにして上に出す。

3 焼き上げたときの形を考え、身を波打たせるように串を通し、最後に皮に串をかませて、抜けにくくする。

4 串をもう1本、同じような要領で刺す。

［焼く］

1 中火5で皮側から焼きはじめる。 5

2 皮目から脂が少し出てきたら、返す。 5

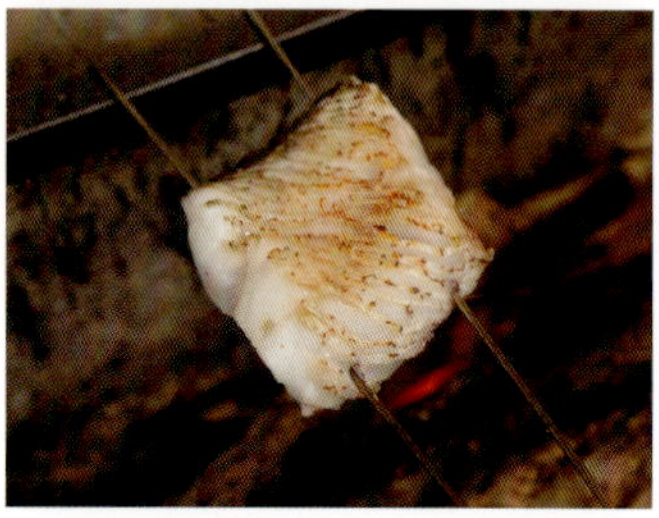

3 身側を焼く。火加減は引き続き中火。 5

4 身が白くなってきたら返して、皮側を焼く。 5

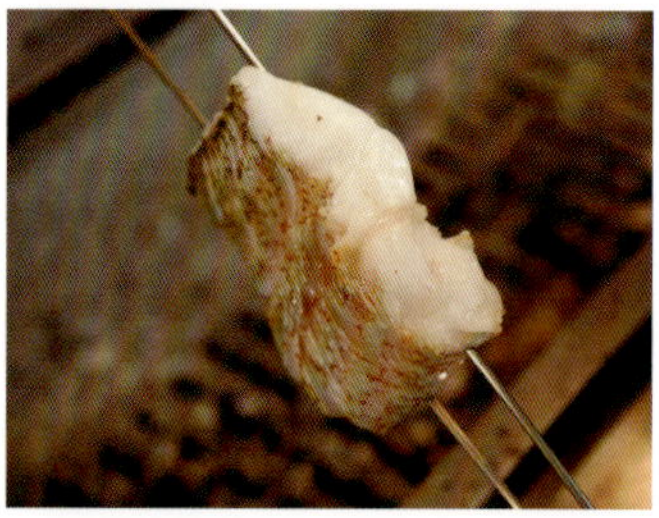

5 側面を見ながら、両側から均等に少しずつ火が入るよう、何度か身を返しながら焼く。常に火加減は中火。 5

＊最初は皮の表面から脂が出て、次第に中からも脂が出てくる。

＊身側を焼いているときは、下の炭からも、脂が出て熱くなっている上の皮側からも熱が入る。

＊したがって脂がのっている部位は、火が入りやすいので頻繁に返しながら焼く。特に腹身を焼くときは、脂がのっている上、身が薄いので留意する。

6 炭に隙間ができると、落ちる脂が燃えて炎が上がり、魚がこげてススがついてしまうので、適宜炭で隙間を埋めながら焼く。 5

7 ある程度焼けて身崩れのおそれがなくなったら、抜きやすいように串を回しておく。 5

8 最後は炭を寄せて強火7にする。ここから最後まで強火。 7

9 皮側を焼いて、仕上げの焼きに入る。皮から脂をしぼり取るようにして焼き上げる。 7

10 焼き上がり。両面がこんがりとおいしそうに色づいた。都合11回ほど身を返して焼き上げた。

皮目からにじむ脂で、
揚げるがごとく焼く

甘鯛《あまだい》 II

味噌漬け

塩→漬ける→焼く→味醂がけ

○味噌に漬けると、魚に味噌が浸透すると同時に魚から水分が出てゆく。タレがけする場合はタレをかけることで温度が下がるが、味噌漬けはタレもかけないうえ、身からも水分が抜けているので、火入れに遊びがない。じっくりと弱火で火を入れて、終盤で味醂をかけて照りをつける。

［味噌床］

白粒味噌　2kg
味醂　215cc
酒　50cc
＊味噌に味醂を少しずつ加えたのち、酒を少しずつ加えてよく混ぜる。

［塩をあてる］

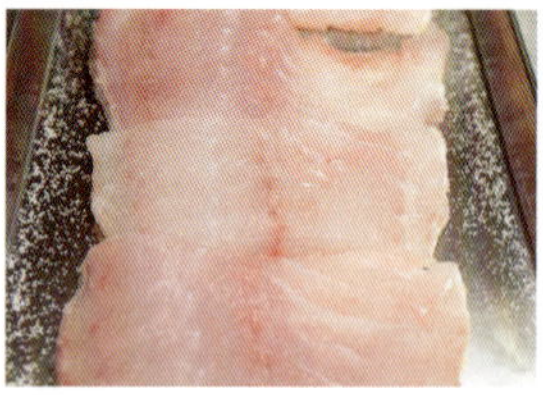

バットに薄塩をふって、アマダイの切り身（1枚80g、皮目に切り目を細かく入れたもの）を並べて、さらに上から薄塩をふる。常温で1時間おく。

［漬ける］

1　バットに味噌床を薄く敷き詰める。

2　ガーゼを1枚敷いて、上に塩をあてたアマダイの切り身を並べる。

3　上からガーゼをかぶせ、味噌床を1よりも少し厚めに広げる。上からガーゼをかぶせて、軽く押す。冷蔵庫で漬ける。

4　3日目のアマダイ。3日目から使う。

［串を打つ］

右から串を打つ。次に左側を打ち、最後に中の2本（右、左の順）を打つ。片づま折り。

弱火でじっくり
火を入れて、
仕上げは味醂で艶を出す

［焼く］

1 灰をかぶった炭を数本積んで皮側から焼く。アマダイは、味噌に漬けてあり、水分が抜けているので火加減は2弱くらいがよい。

2

2 皮側がうっすらと白くなったら返して身側を焼く。皮目の赤色が鮮やかになった。

2

3 腹は身が薄いので、切り身を重ねるなどして、火加減を調整しないとこげやすい。

2

4 焼け具合は一番身が厚いところで判断する。ふっくらと火を入れるためには、強火でこがさず、弱火でじっくり火を入れること。

2

5 皮側にこうばしい焼き色がついたら、裏返して身側を焼く。

2

6 火加減を3くらいに強くして、皮目に味醂をかける。

3

7 裏返して皮側を乾かし、身側にも味醂をかける。味醂をかけると煙が立ち上る。この煙でいぶす。

3

8 次第に焼き色が濃くなってきた。もう1度返して、身側を火にあてて乾かし、皮側に味醂をかける。味醂が煮詰まってじわじわと泡が出て、乾いてきたら返す。

3

9 返して皮側を乾かし、身側に味醂をかける。

3

10 返して身側を乾かす。焼き色が濃くなり、こげる寸前で火からはずす。

3

11 焼き上がったアマダイ。

甘《あま》鯛《だい》 III

松茸包み焼き

塩→巻く→焼く→アルミホイル

○アマダイは身の厚みをそろえるために、観音開きにして巻きやすく切り開いた。マツタケを巻いているので身が重なって厚いため、アルミホイルをかぶせて蒸し焼き状態をつくって火を入れる。

［観音開き］

三枚おろしにして皮目に細かい切り目を入れたアマダイは、1枚85gほどに切り分ける。切り身を観音開きにして、巻きやすいように厚さをそろえる。塩をあてて、常温で1時間おく。

［串を打つ］

1 マツタケは縦に裂いて、アマダイの身幅に合わせて切って巻く。

2 巻き終えたアマダイ。

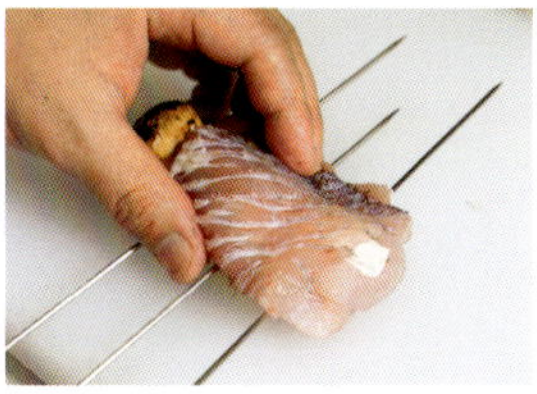

3 端を押さえるように串を3本打つ。

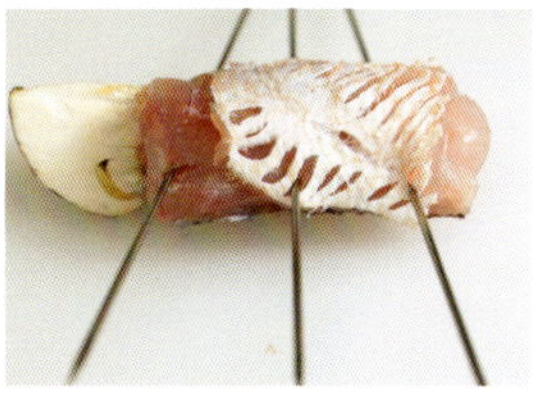

4 裏側。端を押さえて、マツタケをしっかりと刺す。

マツタケの歯ごたえのよさが命。
火入れ具合がカギとなる

［焼く］

1 火加減は弱火の3に調節する。 3

2 盛りつけ時に表になる側から焼く。火加減は3を保つ。全体が温まるまで弱火でじっくり。 3

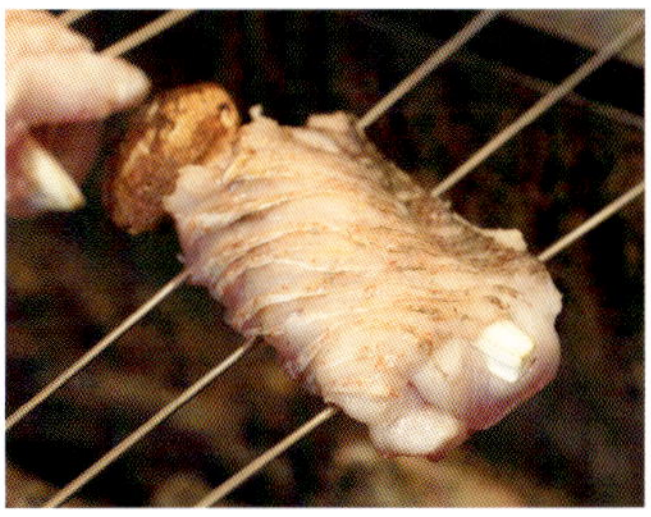

3 写真のように脂が少し浮いてきたら、火を4に上げて、引き続き表側を焼いて脂を出す。 4

4 焼き色がついて、3〜4割火が通ったら返して裏側を焼く。全体の6割程度火が入るまでこのまま焼く。 4

5 6割まで火が入ったら5から6に火を強める。 5〜6

6 裏返して表側を焼く。串の前後に炭をおいて、側面からも火を入れる。 5〜6

7 すぐにアルミホイルをかぶせて、火を6に上げて蒸し焼き状態にする。 6

8 裏返して、串の前後に炭をおき直して、再びアルミホイルをかぶせる。 6

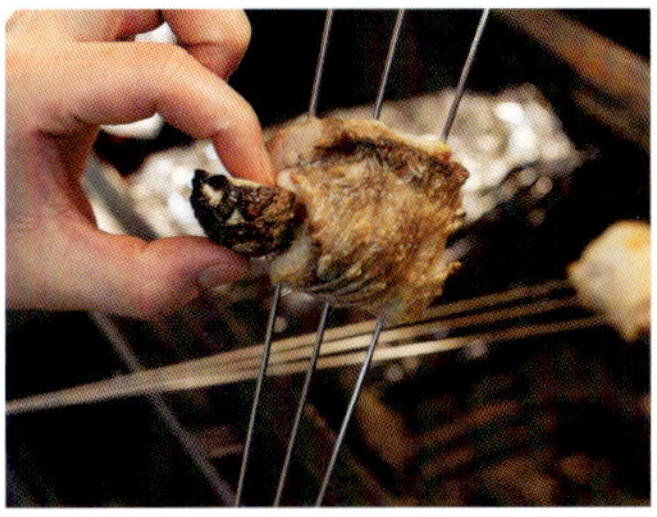

9 マツタケを指でつまんで、じんわりとへこんだら、ほどよい火通り。 6

10 アルミホイルをはずして均等にこうばしい焼き目をつける。 6

11 焼き上がったアマダイ。左は裏側、右は表側。

鮎《あゆ》 I

若鮎塩焼き

塩→焼き台の準備→焼く

○塩焼きには、体長が15㎝くらいのものが、旨みのある苦玉と身との味のバランスがよい。弱火で時間をかけてじっくりと焼き、身はほっくり、頭がほろりとくずれるように焼き上げる。このためには、焼いている途中で串を使って口を開けさせ、中にたまる水分を完全に蒸発させる。そして鉄灸で焼き台の向こうと手前に高低差をつけ、脂を頭のほうに流して頭部を揚げ焼き状態にすることがポイントとなる。火入れは、表側から6割、裏側から4割というイメージ。

○アユは活けを使うことがなによりも大事だが、それには理由がある。焼いたときに勢いよく尾が跳ね上がって、姿形がよくなるばかりでなく、活けのみが体内から脂が出て炭に落ちるため、よい燻香がつく。また身がぱさつかない。これは締めてあるアユとは比較にならない。

アユは必ず活けを使うこと。

［串を打つ］

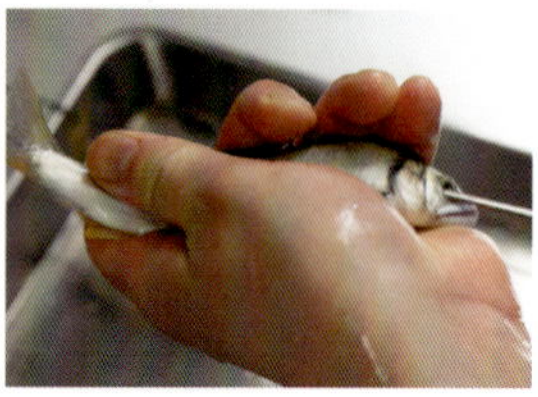

1 盛りつけ時の裏側を上にして持ち、アユの目から串を刺し入れる。

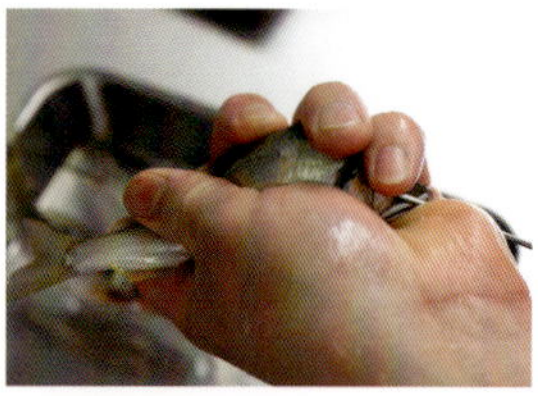

2 黄色いパーマークから串を出す。

3 親指1本分わたるくらいの間隔をとって、串を入れる。このときの間隔でアユが踊る形が決まる。短いと勢いよく身がうねる。串が出ている側が盛りつけ時に裏側となる。

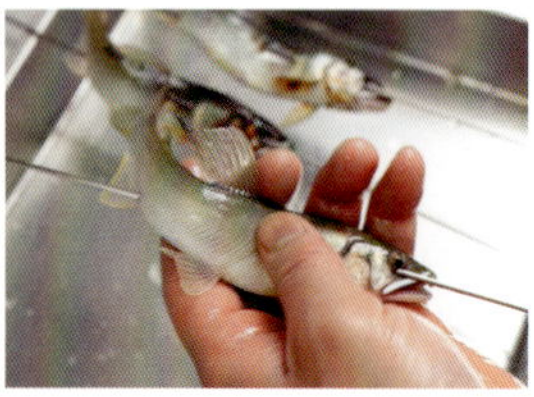

4 中骨の下に串を通して肛門の少し上から串を出す。アユの身に波を打たせるように串を打つ。表側には串を出さないように注意する。

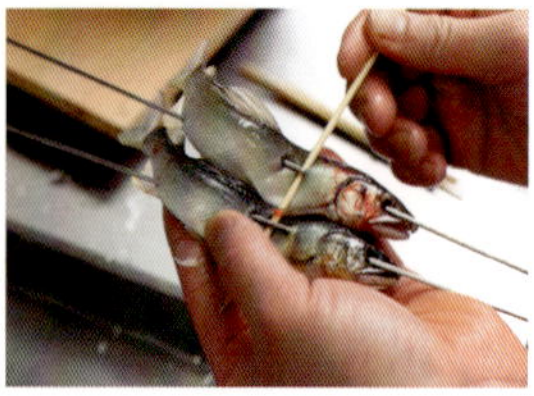

5 裏側の串に竹串を横に渡して、串を安定させる。一旦流水を口のほうから注ぎ入れて血を洗う。

6 添え串を打ち終えたアユ。

［塩をふる］

高い位置から、塩を両側にふる。頭には多めに、尾ビレは少なめに。

苦玉の絶妙な味のバランス。
時間をかけ、頭の先から尾ビレまで
サクサクに焼き上げる

［焼き台の準備］

焼き台の手前に炭を積み上げる。まずは真っ赤におきた炭を下に積む。その上に少しおちついた炭を焼き台の半分の高さまで積む。火の強さとしては2から3の弱火。こうして焼き台の外側が十分熱くなるまで加熱して焼く準備をする。

［焼く］

1 盛りつけ時の裏になる側から焼きはじめる。あらかじめ焼き台の左端に準備しておいた赤くおこした炭8を使う。最初強火で焼くのは、尾ビレをしっかり跳ね上げるため。 8

2 身が縮んで一旦尾ビレが下がるが、次第にピンと跳ね上がってくる。 8

3 これ以上、上がらなくなったら、尾ビレのつけ根の中骨を折って形をつける。 8

4 勢いのよい尾ビレの形。 8

5 尾ビレの形が決まったら、返して、準備しておいた弱火のところで表側を焼く。手前に積んだ炭に頭があたるようにする。 2〜3

6 串を使って、アユの口を開けて、中にたまった水分を蒸発させる。これより先の火加減は弱火1を保つ。 1

7 焼き台の向こう側に鉄灸(鉄棒)を2本積み重ねて高くし、手前を低くする。角度をつけることで脂が頭のほうに集まり、から揚げ状態で頭を焼くことができる。また脂が手前に積んだ炭に落ちて燻煙が立つ。 1

8 脂が落ちる位置に炭を移す。 1

9 返して裏側を3から4に上げて焼く。 3〜4

10 再び頭に脂がたまってきたら裏を返して表側を焼く。 3〜4

11 下の空気口からウチワであおいで、熱風をアユにまわして脂を出させる。 3〜4

12 あおぐと次第に火力が尽きて落ちてくるので、適宜赤くおきた炭に積みかえて、3から4の火加減を保つ。 3〜4

13 脂が落ちきったあとも、アユを焼き台の向こうに寄せてさらに焼く。 3〜4

14 何度か裏返しながら、じっくりと時間をかけて焼いていく。表側から6割、裏側から4割が火入れの割合の目安。 3〜4

15 串を回してアユを少し手前にずらす。 3〜4

16 頭がほろりと崩れ落ちそうになるくらいまで、時間をかけて焼く。 3〜4

17 頭部に焼き色をつけたいので、炭を手前に積み上げ、アユを手前に移して頭部を火にあてる。 3〜4

18 仕上げは5の火加減に上げて、焼き色をつける。裏側はこの程度まで焼き色をつける。表側にも強い焼き色がつくまでじっくり焼く。 5

19 最後に前回焼いたときに使ったアユの竹串（アユの脂と香りがしみ込んでいる）を燃やして、一気に煙を立てて香りをつける。 5

20 焼き上げたアユ。

鮎《あゆ》 II

風干し

風干し → 焼く

○アユを背開きにして、軽く塩をし、天日で半日干した風干し。頭から尾まですべて食べられるように、弱火でじっくり焼く。

○仕上げにさわやかな苦みのあるアユの肝の裏ごしを塗っても旨い。

［背開き］

1 背から包丁を入れて、中骨の上に沿って身を開く。

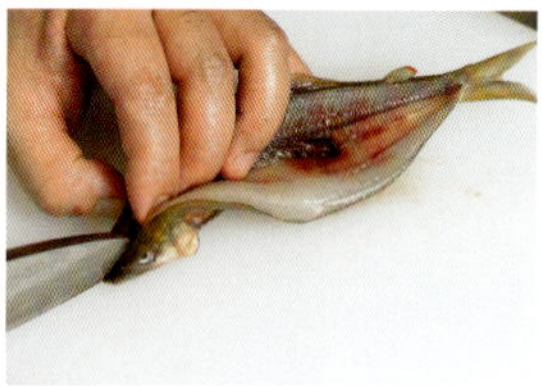

2 頭を半分に割って開く。

［風干し］

1 塩をふったバットの上にアユをのせて、さらに塩をふって、1時間冷蔵庫におく。

2 酒で塩を洗い、ザルにのせて、風通しのよい天日で半日干す。

3 風干しのアユ。

［串を打つ］

焼くときに安定するよう、細串を5本打つ。

煎餅のように
カリッと焼いた頭も美味。
弱火でじっくり火を入れる

［焼く］

1 弱火の3に火加減を調節し、皮側から焼きはじめる。 3

2 じわじわと水分が出てきた。 3

3 皮の表面が黄色っぽくなってきたら、身側を焼く。 3

4 身側がこの程度まで焼けたら、皮側を焼く。火を4に上げる。 4

5 こうばしい焼き色が皮についたら、身側を焼く。火を5に上げて焼き色をつける。 5

6 身側にこんがりとこうばしい焼き色がついたら、皮側を焼く。 5

7 焼き上がったアユの風干し。左が皮側、右が身側。

鮑《あわび》

肝焼き

焼く→かけ焼き→乾かす

○アワビの肝でつくった濃厚なタレをかけながら焼き上げる。タレがのるよう、あぶって乾かした表面にかけていく。肝ダレは水分が多いので、こげを恐れずに強火で焼いて水分を飛ばし、徐々に濃度をつけてアワビにからませる。

○仕上げはユズの皮をすってふる。

［肝ダレ］

アワビの肝　100g
卵黄　2個分
煮きり酒　20cc
濃口醤油　10cc

1 アワビの肝を掃除して、裏漉しする。

2 卵黄、煮きり酒、濃口醤油を加えて味をととのえる。

3 肝ダレ。

［切り目］

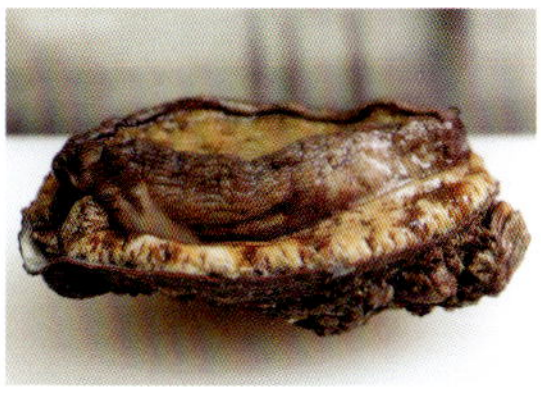

1 雄貝を使用する。徳島産の殻付きで500g、殻をはずした身は265g、肝は100g。肝は肝ダレに使用。

2 アワビの裏側(貝柱側)に深めの切り目を斜めに入れる。貝の厚さの3割程度まで、貝柱の部分よりも深く入れる。

3 表側(上側)にも同様に切り目を入れる。

［串を打つ］

身の厚みの半分くらいのところに太串を通す。計4本の串を打った。

［焼く］

1 火加減を6にし、アワビの表側から焼く。 6

2 表側が乾いて、うっすらと火が入ったら裏返して、裏側も焼く。 6

3 裏側の表面が乾いたら、両側にたっぷり肝ダレをかける。

4 火加減を強火の8にして、表側から焼く。裏側に何回も肝ダレをかけながら焼く。 8

5 表側が乾いたら返して裏側を焼く。表側に何回も肝ダレをかける。 8

6 乾いたら裏返して表側を焼く。裏側に肝ダレをかける。 8

7 この段階まで焼くと、すぐにタレが乾くので、こまめに乾いたら返し、タレをかける。炎が立ってしまったら、炭に灰をかける。 8

8 このあと6〜7回返してはタレがけをくり返し、タレの水分を飛ばして濃度をつけ、たっぷりアワビにからませる。 8

9 最後は表側を乾かして仕上げる。 8

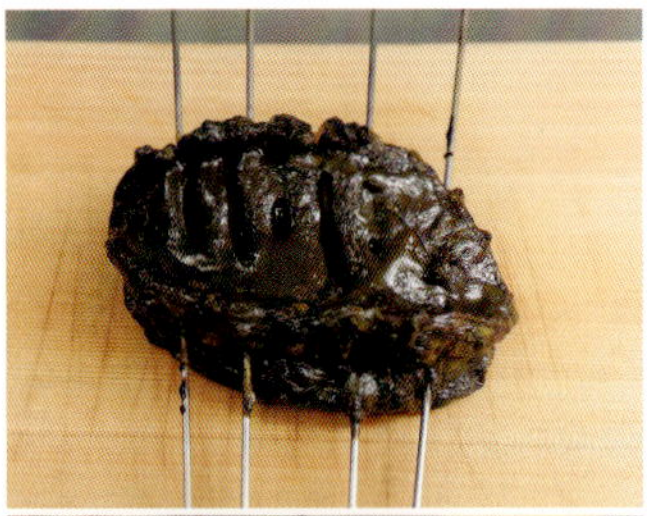

10 焼き上げたアワビ。

濃厚な肝ダレは水分を飛ばして
旨みを凝縮させ、
身にはしなやかな弾力を残す

伊《い》佐《さ》木《き》

胡麻塩焼き

塩→焼く→ゴマ（1回目）→焼く→ゴマ（2回目）→焼く→ゴマ（3回目）→焼く

○塩で下味をつけたイサキは、いりゴマをふって香りと食感に変化をつけた。皮目に入れた細かい包丁目から、じわじわと脂が浮いてきたら、3回に分けてゴマをふる。
○浮き出た脂でゴマをから揚げ状態にすることで、はじけたゴマの香りがイサキの脂に移るだけでなく、プチプチとした食感が生まれる。
○3回に分けてふることで、ゴマの焼き色にグラデーションがついて美しい。1尾500gのイサキを使用。

［切り身］

1 三枚におろす。

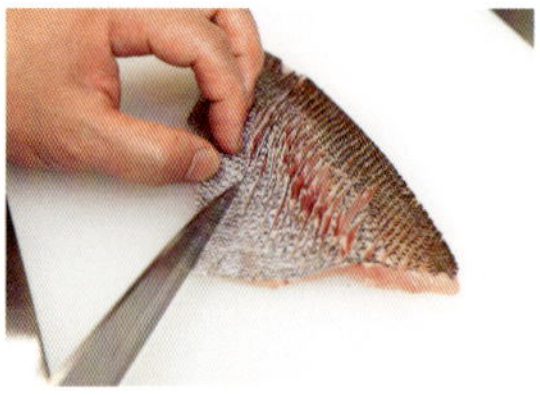

2 脂が落ちやすいように、皮目全面に斜めの細かい包丁目を入れる。

3 1切れ80gに切る。焼きものには頭寄りの身を使う。

［塩をあてる］

バットに薄塩をふり、皮側を下にしてイサキを並べる。上からさらに塩をふって全体に塩をまわす。常温で1時間おく。

［串を打つ］

腹身の薄い部分は、折り重ね、皮側から串を刺して、縫うように通し、皮側から抜く。切り身の大きさによって串の本数は適宜調節する。このイサキは、中串を4本刺した。

脂で揚げられたゴマが一体となり、
こうばしさと
プチプチした食感が生まれる

［焼く］

1 火加減を弱火の3にして、皮側から焼きはじめる。じっくりと焼いて脂を出す。 3

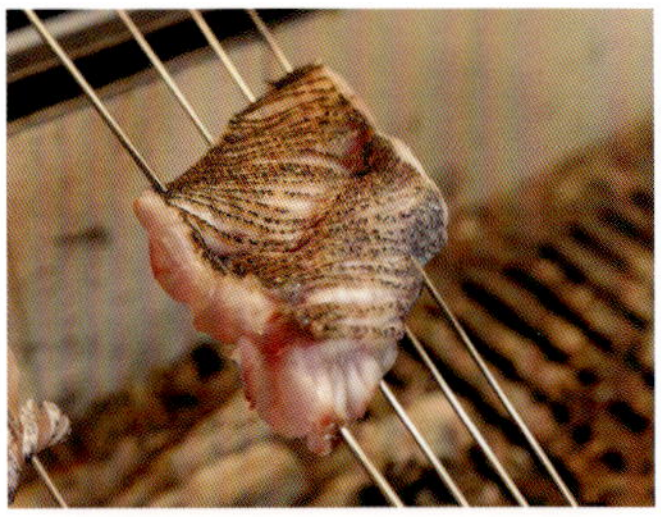

2 脂がある程度出てきたら、裏返して身側を焼く。この段階で皮側から火が2割ほど入っている。 3

3 皮側の浮いた脂の上に、いりゴマをふる。 3

4 身側から2割ほど火が入ったら、裏返して皮側を焼く。 3

5 赤くおきた炭を積んで、火加減を5に上げる。 5

6 皮側に再度脂が浮いてきたら返し、皮側にじわじわと脂が出ているあいだに、いりゴマをもう1度ふる。乾いてしまうとゴマがつかない。 5

7 裏返して皮側を焼く。返したら、火加減を5から6に上げる。 5〜6

8 ゴマにおいしそうな色がついてきたら裏返す。脂がじわじわ浮いているうちに3回目のいりゴマをふる（写真）。 5〜6

9 最後の仕上げの焼きに入る。火加減を7に上げる。 7

10 身側に写真のようなおいしそうな焼き色がついたら皮側を焼く。ゴマがパチパチはじける。ウチワであおいで、火を強める。 7

11 焼き上がり。

伊《い》勢《せ》海《え》老《び》

雲丹焼き

焼く→衣がけ→乾かす

○イセエビは鮮度の落ちが早いので、通常はおがくずなどの中に入れられて、活けで出回る。活け造りなどにするときは、触角や脚が折れていない、殻の色がきれいなものが求められる。

○焼きものにも、さばいたその日に使うのがベスト。雲丹焼きには上身で80gの大きさのものを使った。

○まずうっすらと白焼きにしたあとで、雲丹衣をかけて、衣を強火で乾かしながら、エビに火を入れていくイメージ。雲丹衣の熱がやわらかくイセエビに入っていく。中心に3割生を残すように焼き上げる。

○雲丹衣にも生の部分を残して仕上げる。

［雲丹衣］（3尾分）

卵黄　2個分

生ウニ（上身）　150g

1 ウニと卵黄を合わせて、玉杓子などの背でなめらかに潰す。

2 イセエビにからませたいので、衣はなめらかさと濃度が必要だが、少しウニの質感は残しておきたい。

［塩をあてる］

1 薄塩をふったバットの上にイセエビを背を上向きにして並べ、上から塩をふる。バットにふった塩よりも、やや多めにふる。塩は上から下に味がしみていくから、上を濃いめに。また腹を上に向けると、丸い背側に塩のあたらないところが出てしまう。このまま5分間おいてなじませる。

2 5分間たつと写真のように塩が溶けて身の中に浸透してくる。

［串を打つ］

1 串は尾のほう（小さいほう）から頭のほう（大きいほう）に向かって、ちょうど中ほどの高さのところに通していく。身を崩さないように、ゆっくりと刺していく。

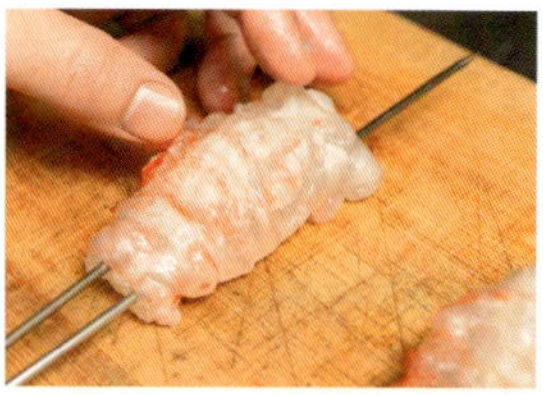

2 左にもう1本串を打って、身の形を整える。

3 串を打ったイセエビ。

［焼く］

1 イセエビは背側から、強火10で焼きはじめる。赤くおきた炭を積み上げて、イセエビに近づけ、温度を上げる。 10

2 たたきのように、さっと表面が白くなったら裏を返して腹側を焼く。 10

3 両面が焼けたら雲丹衣を全面にかける。

4 背側から強火10で衣を乾かす。 10

5 乾いたら返し、腹側の衣も強火10で乾かす。 10

6 再度雲丹衣を全面にかける。このあと背側、腹側を焼いて衣を乾かし、3度目の衣がけをする。同様に背側、腹側を焼いて乾かす。 10

7 中火7に移し、背側に上から衣をのせる。返して衣を焼いて乾かし、腹側にも衣をのせる。 7

8 仕上げに入る。落とさないように、串をくるりとゆっくり回しながら、背側に雲丹衣をのせて乾かす。 7

9 焼き上がり。串を回してはずす。

10 切り分けると、中心はまだ生の状態。雲丹衣が何層もかかっている。雲丹衣にも生の部分が残るように。

濃厚な雲丹衣に包まれた、
イセエビのぷりっとした食感と甘さ

鰻《うなぎ》 I

蒲焼き

焼く→皮に穴あけ→焼く→かけ焼き→乾かす

○小十では6月から10月まで登場するスペシャリテ。まず大きなウナギを仕入れることから仕事がはじまる。とくに7月から8月のウナギは、皮が薄く、身が厚く、脂がたっぷりのっていて旨い。仕入れたら3日程度おいて脂を落ち着かせてから使っている。

○ここでは白焼きと蒲焼きを紹介するが、ともに皮はパリッと、身はふっくらと焼き上げる。細かく入れた切り目から、身がふっくらと盛り上がって、加熱前の倍くらいの厚さになる。

○川魚特有のにおいを抜くために、皮と身の間の脂を十分抜くことがポイント。

［背開き］

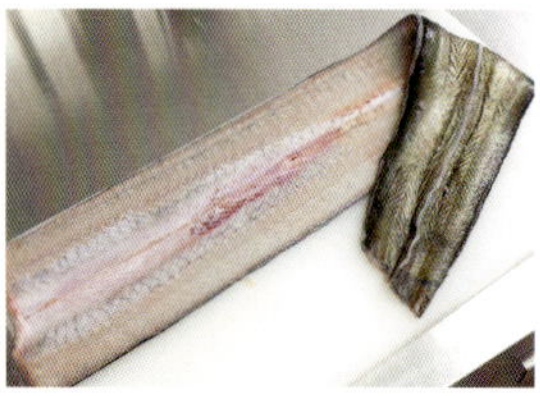

背開きにしたウナギ。今回は1本2kgの琵琶湖産を使用。この大きさだと仕入れてから3日程度で脂が落ち着く。1kgくらいのものならば、おろしてから2〜3日ねかせる。頭に近いほうが脂がのっていると思われるかもしれないが、頭寄りの部位は脂が少なくて比較的身がかたい。焼きものに適しているのは、半分よりも尾側寄りの部位。こちらは身が厚く、味も身質も安定している。

［切り身］

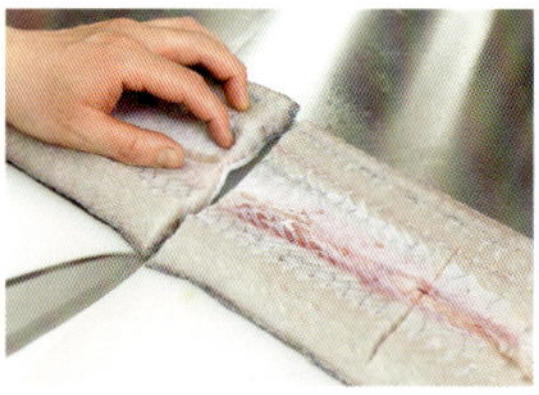

1 1本を3等分に切る。

2 残っている骨の両側から包丁を入れたのち、骨を切りはずす。

3 包丁目を縦に細かく入れる。皮の手前まで深めに切る。

4 皮目に包丁の切っ先を刺して穴をあける。この穴は脂の通り道となる。

［串を打つ］

1 皮の少し上あたりに串を通していく。

2 右、左、中2本の合計4本の串を打つ。

3 皮側には串は出さない。

身厚の鰻の、
地焼きならではの食感。
皮はパリッと、身はふっくら。
旨い脂とタレがよくなじむ

○蒲焼きに使用した部位は腹よりやや後ろの身。脂がよくのっている。
○ウナギの脂をタレに戻しながらタレがけをするのがポイント。脂がタレになじんで、ウナギに味がのりやすくなる。ウナギのタレは16頁参照。
○最初はおもに身側にタレをかけながら火を入れるが、タレがなじんできたら、両面から均等にタレがけして火を入れていくイメージで。皮はパリッと、身はふっくらと焼き上げることがポイント。

［焼く］

1 火加減を**4**に調節する。 4

2 皮側から焼きはじめる。 4

3 皮の表面のヌメリに火が通って、白っぽくなったら金串で穴を多数あけて、脂の抜け道をつくる。 4

4 身がふっくらと盛り上がり、身側が白っぽくなったら、返して皮側を焼く。火加減を**3**に落とす。 3

5 皮側にこの程度まで焼き色がつきはじめたら身側を焼く。火加減を**5**に上げる。 5

6 焼き色が身側についたら、脂が適度に抜けたら、返して身側にウナギのタレを刷毛でかける。脂がある程度抜けないとタレはのりにくい。 5

7 タレとともに脂を容器に戻す。タレに脂を混ぜて、なじみやすくする。なじんだらタレをかけては、容器に戻すことを3回ほどくり返す。 5

8 写真程度までタレがなじんだら、しばらくの間皮側を焼く。 5

9 皮側にこんがりと焼き色がついたら返して身側を焼く。火は5を保つ。これ以上強くするとこげてしまう。 5

10 身側に、写真程度のこうばしい焼き色がついたら、再度皮側を焼く。 5

11 何度かタレをかけ、容器に戻して身側をあぶる。写真程度まで身側にタレがのったら、皮側を焼く。 5

12 皮側にはじめてタレをかけ、容器に戻す。ここまでは身側を中心に焼いてきたが、ここからは皮側と身側均等に火を入れていく。 5

13 裏を返して、再度身側にタレをかけ、タレを容器に戻す。 5

14 返して皮側にタレをかける(2回目)。タレが乾いたらかけることをくり返す。身側、皮側にそれぞれもう1度ずつタレをかける。皮側は、十分味がなじんでいる。 5

15 身側に十分味がなじむまでタレがけをくり返す。タレがこげないよう、端に寄せてタレをかけてから、火床に戻す。 5

16 仕上げに入る。十分焼き色がついたら、タレを乾かすようにして皮側、身側を焼き上げる。 5

17 焼き上げた蒲焼き。皮はパリッと、身はふっくら。

細かい包丁目は、
炭火で焼かれ、
花が咲いたように
ふっくら開く

鰻《うなぎ》 II

白焼き

焼く→皮に穴あけ→焼く

○ウナギがもっと大きい場合、ここで解説した火加減よりも、少し低めで焼きはじめる。火加減は部位や脂ののり方によっても違う。ここでは、頭寄りの比較的脂が少ない部位を使用したが、腹の後ろあたりの脂がのっている部位を用いる場合も、低い温度で焼きはじめるとよいだろう。

○皮と身の間の脂には、川魚特有のにおいがあるので、皮をさっと焼いたのち、串で細かい穴を多数あけ、十分皮側を焼いて、脂を落とすことがポイント。皮をパリパリにこがすようなイメージで焼き上げる。

＊串を打つまでの仕込みは、蒲焼きに準ずる（→84頁）。

［焼く］

1 火加減は弱めの中火3に調節し、皮側から焼きはじめる。 3

2 皮の表面のヌメリに火が通って白っぽくなると、皮に串が通るようになるので、金串で表面に細かい穴をあけて脂の抜け道をつくる。 3

3 穴をあけたら火加減を4に上げて身側を焼く。 4

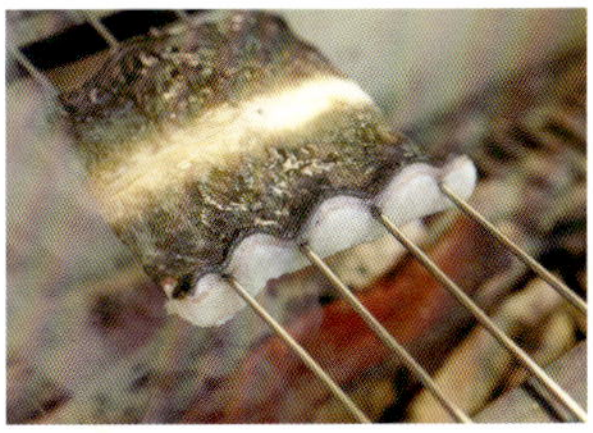

4 身側の包丁目から脂が落ちはじめ、煙が立ち上がる。火が入ると肉が盛り上がってくるのがわかる。 4

5 脂が勢いよくしたたり落ちる。 4

6 身側にうっすらと焼き色がつきはじめたら、返して皮側を焼く。火加減を5に上げる。 5

7 だんだん皮に焼き色がついてきたが、さらに皮側を焼き続ける。 5

8 この程度まで皮に焼き色がついたら、身側を焼く。 5

9 身側にこの程度まで焼き色がついたら、皮側を焼く。 5

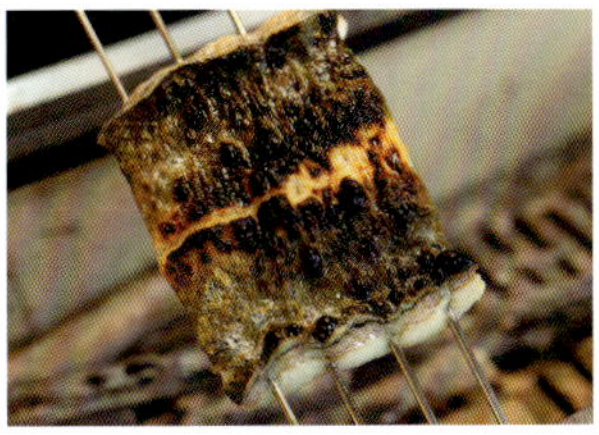

10 次第に皮に濃い焼き色がついてきたが、さらに皮側を焼いて川魚特有のにおいのある脂をきっちり落とす。火加減が落ちてきたら、炭を積みかえて5の温度を保つ。 5

11 この程度まで皮を焼いたら、仕上げに入る。身側を焼く。ここから焼き色の調整をする。色ムラをなくし、均一に焼き色がつくように整える。 5

12 焼き上がった白焼き。

鰹《かつお》

たたき

藁でいぶす（アルミホイル）↓炎であぶる

○藁でいぶしたカツオのたたき。炭火とはひと味違う香りの調味料である。
○カツオは、焼いてからいぶすと燻香がつきにくいし、ちょうどよいところで火入れを止めることがむずかしくなるので、まずはいぶし、そののち炎を立てて火を入れていくという手順でたたきをつくってみた。
○カツオのたたきには芥子醤油がよく合う。

［さく取り］

節おろしにしたカツオから、血合いを除いてさく取りした。手前が腹で向こうが背。血合いは中骨に沿って、すっと細く残しても旨い。

［切り目］

皮の近くに脂があるので、浅い包丁目を皮目全面に細かく斜めに入れる。脂を出し、その脂で皮を揚げるようにパリッとあぶる。

［串を打つ］

1 腹身は皮目から刺して、皮目で抜く。身は崩れやすいので、皮側で支える。まず右端と左端に太い串を打つ。

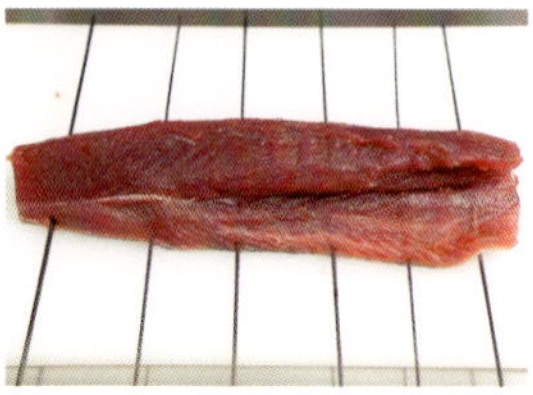

2 中4本は中串。4kgのカツオの腹身ならば、6本くらいが適当。

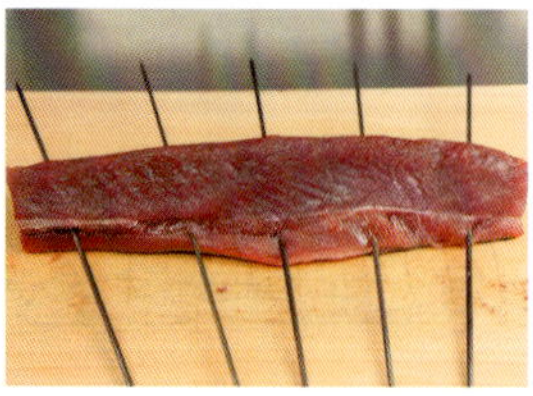

3 厚みがある背身は、皮の少し上あたりに太い串を通していく。都合5本。

もうもうと立ちのぼ
「藁の香りの調味料
鰹に素朴な力強さを与

［いぶす］

1 一斗缶をガス台にのせて、藁を立てて入れる。ここに赤くおきた炭を入れる。脇に追加の藁を十分用意しておくこと。

2 煙が立ったら、皮側からいぶす。

3 アルミホイルをかぶせて煙をこもらせる。

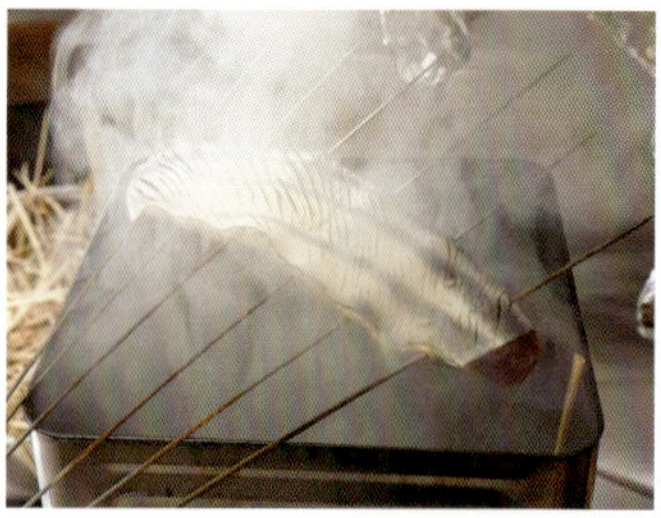

4 皮側から脂がにじみ出て黄色っぽくなってきたら裏返し、アルミホイルをかぶせて身側をいぶす。都合3分間ほどいぶす。

5 アルミホイルをはずし、炎を立ててカツオに火を入れていく。まずは皮目から。

6 次に身に火を入れる。藁を補充しながら炎を立てて焼く。

7 腹身の焼き上がり。

8 背身の焼き上がり。

かます I

胡麻塩焼き

塩→焼く→ゴマ（1回目）→焼く→ゴマ（2回目）→焼く→ゴマ（3回目）→焼く

○カマスは小型の細長い魚なので、片身1枚を1人分とし、両づまにして串を打つ。串はおろした片身の尾のほうから頭のほうに通していく。

○脂がのっている魚なので、炎が立ちやすくなるため、スス臭がつかないよう、炭に灰などをかぶせて、炎を防ぐ工夫が必要となる。

1尾400gのカマスを使用。

［切り身］

1 三枚におろしたカマス。片身は100gほど。

2 脂が出るように皮目全体に細かく包丁目を入れる。

［塩をあてる］

バットに薄塩をふり、皮目を下に向けてカマスを並べる。上からさらに薄塩をふり、常温で1時間おく。

［串を打つ］

1 尾のほうを折り曲げて、皮目から串を刺す。

2 折り曲げた身の端から串を上に通して、身を押さえる。

3 もう片側の端を折って、いったん上に出した串で、押さえて串を通す。

4 残りの2本も同じ要領で串を打つ。魚の切り身に波のように串を打つ。

［焼く］

1 炭の火加減を3に調節し、皮側から焼きはじめる。 3

2 脂がのっているので、すぐに脂が落ちて、煙が立ってくる。脂が多すぎる場合は、炭に灰をかぶせて、炎が立つのを防ぐとよい。 3

3 表面が白っぽくなって皮目から脂が出はじめたら、裏返して、皮から脂がじわじわと浮いているうちに、いりゴマをふる。この段階で皮側から2割ほど火が入っている。 3

4 身側からも2割程度火を入れる。 3

5 裏返して皮側を焼く。火加減を5に上げる。赤くおきた炭の上に灰をかぶせた炭をのせて、炎が立つのを防ぐ。 5

6 1本ずつ裏返し、脂がじわじわと浮いているうちに、2回目のいりゴマをふる。 5

7 しばらく身側を焼く。 5

8 身側にこの程度の焼き目がついたら皮側を焼く。 5

9 皮目がパリッとするように、途中で火を6に上げる。 6

10 最初にふったゴマが茶色く色づいてきたら、1本ずつ返して、脂が乾く前に3回目のゴマをふる。 6

11 身側をしばらく焼く。 6

12 火を7に上げて、裏返し、皮側を焼いて仕上げに入る。ウチワであおいで火力を強める。 7

13 この程度まで焼き色がついたらでき上がり。 7

14 焼き上げたカマス。

皮目からあふれる
熱い脂で香りたつ、
ゴマのこうばしさ

かます II

松茸包み焼き

塩→焼く→アルミホイル→焼く

○カマスの中でマツタケを蒸し焼きにするようなイメージ。重なったカマスの身に火が入りにくいため、弱火でじっくり焼く。仕上げの焼きではアルミホイルをかぶせて、全面から火を入れていく。マツタケはかたいとまずいのだが、加熱しすぎもまた、香りとサクッとした食感を損なうので火入れ加減が決め手となる。
○カマスで包むことにより、マツタケのエキスがカマスに移り、カマスの脂と香りがマツタケに入るといった相乗作用を発揮する。
○切り目を入れて塩をあてるところまでは胡麻塩焼きに準ずる。ここでは片身1枚80gのカマスを使用した。

［串を打つ］

1 マツタケは傘に包丁目を入れて、縦半分に手で裂く。これをさらに2等分から3等分に裂く。

2 カマスの上に、カマスの身幅に合わせて、長さをそろえて切ったマツタケをのせて巻き込む。

3 巻き終えたカマス。盛りつけ時にマツタケの傘が見えるように巻く。

4 カマスの端を押さえ、かつ2切れのマツタケが動かないように細串を3本打つ。

5 串を打ったカマス。

遠赤外線で
蒸されたマツタケの
圧倒的な存在感

［焼く］

1 巻いて重なったカマスに火が入るよう、火加減は弱火の3に調節する。 3

2 盛りつけ時の表側から焼きはじめる。カマスの身が温まるまでは弱火で焼く。 3

3 少しずつ脂がにじんできたが、まだ返さない。 3

4 ときどき炭を入れかえて、3の火加減を保つ。 3

5 脂がかなり出てきたら、火加減を4に上げて、全体から脂を出しきる。 4

6 写真程度まで脂が落ちてきたら返す。この段階で表側から3割ほどまで火が入っている。 4

7 裏側からも脂がにじんできたら、火加減を5から6に上げる。この段階で6割の火入れ。 5〜6

8 脂がしたたり落ちてきたら、返して再度表側を焼く。 5〜6

9 炭を串の前後において、側面を焼く。丸い形なので、このように全面から火を入れる。 5〜6

10 仕上げの焼き。アルミホイルをかぶせて、下、横、上から火を入れていぶす。途中で火を強める。 6

11 串を返す。前後の炭ははずし、ふたたびアルミホイルをかぶせる。 6

12 マツタケを指でつまんで火通りを確認する。じんわりとへこむくらいが目安。 6

13 裏返して表側を焼いて仕上げる。じわじわ脂が出てきたら焼き上がり。 6

14 焼き上がったカマス。

きんき

一夜干し

○一夜干し一汐のキンキ。加工工程で干すことで水分を飛ばして凝縮させた旨みを、乾物を戻すがごとく、炭火でじっくり時間をかけて、ふっくらとふくらませて焼く。

○脂が落ちて煙が立ちはじめたら、皮目をパリッと焼き上げるためにやや火を強める。においのある表面の脂は焼き落とすが、キンキのもつ甘みのあるおいしい脂は残して焼き上げるのがコツ。

［一夜干し］

背開きにして一夜干しにしたキンキ。1尾250g。

［串を打つ］

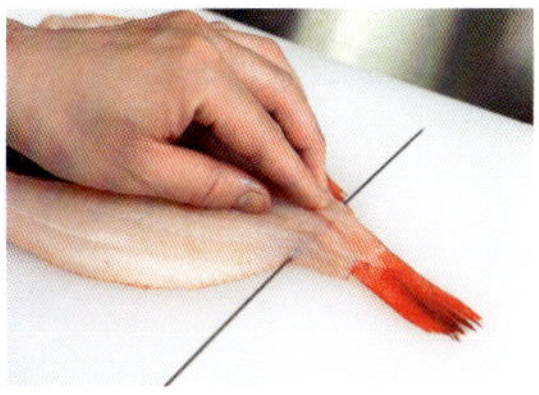

1 細串を尾ビレのつけ根近くに刺す。皮よりも少し上、中骨の下ぎりぎりに通す。

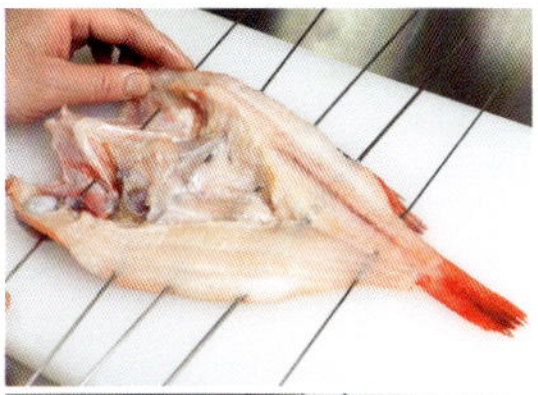

2 その先は中串を5本打つ。**1**と同様、皮よりも少し上の中骨の下ぎりぎりに通す。

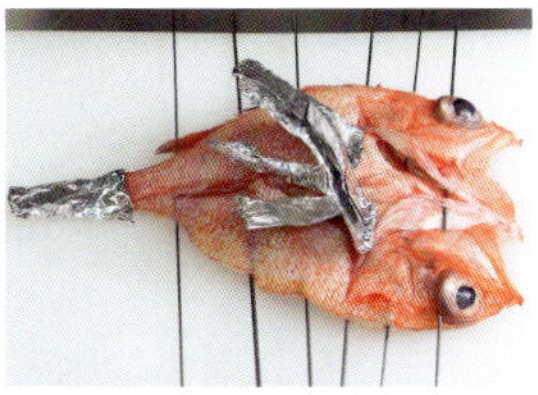

3 胸ビレ、腹ビレ、尾ビレがこげないように、アルミホイルで包む。

乾物を戻すがごとく
じっくりと、
ふっくらほくほくに
炭火で焼く。

［焼く］

1 皮側から焼きはじめる。火加減は弱火の2から3。最初から強火ではこげやすい。じっくりと焼いて、皮目から脂を出すための準備をする。 2〜3

2 少し火が通って脂が落ちはじめたら、赤くおきた炭を積んで、火加減を4程度に上げて、少しずつ焼き目をつけはじめる。 4

3 かなり脂が下に落ちて煙が立ちはじめる。4を保つ。ウチワであおいで、煙の香りをキンキ全体にまとわせる。 4

4 写真のように、ヒレがぴんと立ち、皮がパリッとしてきたら裏返して、2から3の弱火に落として身側を焼く。 2〜3

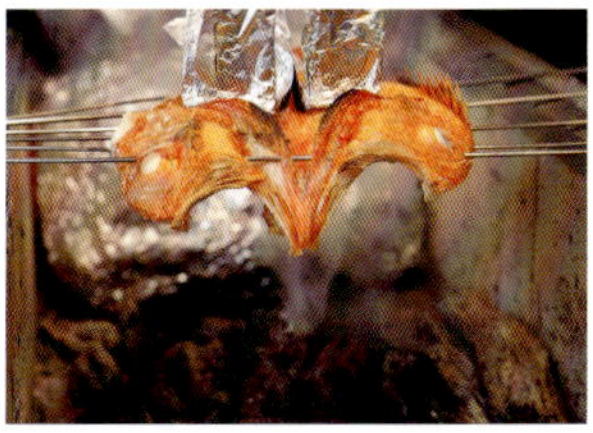

5 身側から脂が落ちはじめた。 2〜3

6 身側に焼き色がうっすらとついてほぼ火が通ったら(写真)、皮側を焼く。 2〜3

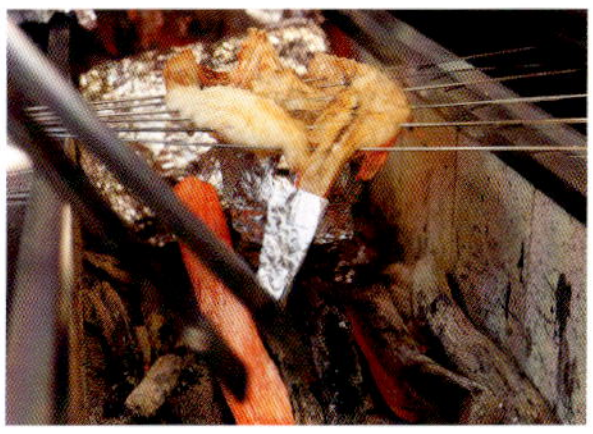

7 火加減を4に上げる。 4

8 裏返して、身側に焼き色をつけはじめる。炭は新たに足さずに積み直して、炭をキンキに近づける。身側に黄色っぽい脂がたっぷりにじんできたら、ウチワであおいでいぶす。 4

9 火加減は4を保って裏返し、皮側を焼く。バチバチと脂の音がしはじめたら、火加減を5に上げる。 4〜5

10 裏返して身側を焼き、表面の不要の脂を落とす。皮側にこんがりと焼き色がついた。火力が落ちてきたら炭を入れかえて5を保つ。 5

11 裏返して皮側の仕上げに入る。焼き目をつけるために火加減を6に上げて、表面をパリッと仕上げる。 6

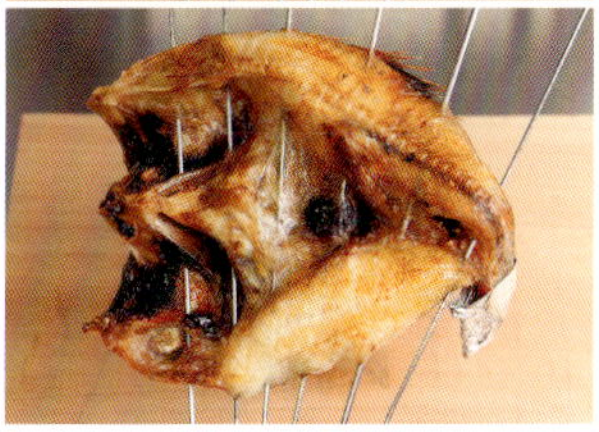

12 焼き上がり。ヒレのアルミホイルをはずす。

金目鯛《きんめだい》

実山椒焼き

つける→焼く→かけ焼き→20分間やすませる→かけ焼き

○それほどゼラチン質も脂も多くはないので、高温で焼き上げると身から水分が抜けてぱさつきやすくなる。このために、仕上げの焼きの前に20分間やすませて、最終的に余熱で火入れを調整する。低温で加熱することで、キンメダイの旨みを逃さないようしっとりと仕上げることができる。ここでは2.5kgのキンメダイ使用。

［実山椒幽庵地］
幽庵地　500cc
　味醂　2
　酒　1
　濃口醤油　1
実山椒煮　30g
＊幽庵地は、味醂と酒を合わせて煮きり、冷めたら濃口醤油を加えてつくる。

［実山椒幽庵地］

1 実山椒煮をすり鉢ですりつぶす。

2 幽庵地を注いで、よくすり混ぜる。

［切り身］

1 三枚おろしにして、2日間冷蔵庫で熟成させたキンメダイの皮目全体に細かい切り目を入れる。腹身の薄い部分にも切り目を入れる。

2 1枚80gの切り身にする。両端は焼きものには使わない。

［つける］

1 切り身をバットに入れて実山椒幽庵地を注ぐ。上にペーパータオルをかぶせて地をしみ込ませ、まんべんなくいきわたらせて2時間おく。

2 地から取り出したキンメダイ。時間を長くしても、これ以上味は入らない。

［串を打つ］

串を打ったキンメダイ。3本串を打つ。右、左、中の順にうねりをつけて両づま折りにして打つ。

［焼く］

1 皮側から焼きはじめる。火加減は弱火の2。 2

2 2割ほど火が入ったら、裏返して身側を焼く。 2

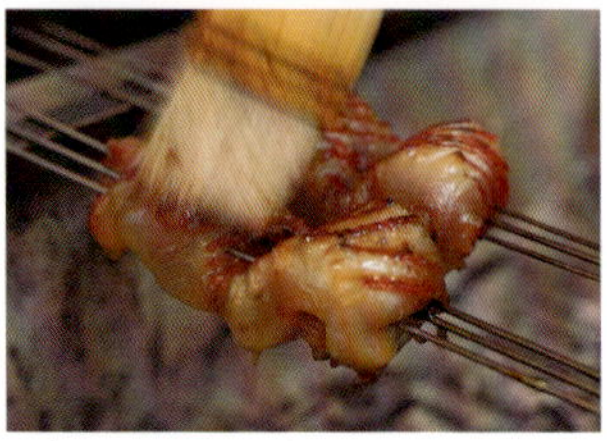

3 実山椒幽庵地に粒のままの実山椒煮を入れて香りをつけたかけ地を、皮側に刷毛でかける。かけるというよりも地をのせるという感じ。 2

ぴりっと締める実山椒。
余熱ならではの、
しっとりした焼き上がり

4 裏返して身側にもかけ地をかける。地が下に落ちると温度が下がるので、おきた炭を移して温度を保つこと。 (火 2)

5 裏返して身側を焼き、やすませる前に身が乾かないように皮側にもう1度かけ地をかける。 (火 2)

6 火からおろして20分間やすませる。

7 やすませる前の火の入り加減は写真のとおり。中心までは完全に火が通っていない。

8 炭を2の火加減に調整する。身側から焼きはじめる。 (火 2)

9 裏返して皮側を焼く。 (火 2)

10 再び裏返して、身側を焼く。乾かないように皮側にかけ地をかける。 (火 2)

11 真っ赤におこした炭を移して、火を強める。 (火 6〜7)

12 裏を返して皮側を焼く。身側にほんのりこげめがついてきた。 (火 6〜7)

13 皮側から脂がふき出してきたら、仕上げの焼きに入る。 (火 6〜7)

14 裏返して、皮側にかけ地をかける。 (火 6〜7)

15 裏を返して身側にかけ地をかける。照りが出てきた。火加減をさらに強める。何度か返し、かけ地をかける。 (火 7〜8)

16 脂の泡はこげる直前のサイン。さらに9に火を強めて、かけ地をかけて火からはずす。 (火 9)

17 串を回して抜き、実山椒煮をふる。

車海老《くるまえび》

鬼殻焼き

化粧塩→焼く

○クルマエビの美しい赤い色と、頭部と尾ビレの美しさを生かした鬼殻焼き。化粧塩を軽くあてて、こげないように焼き上げる。

○強火で表面の殻を短時間で焼き、余熱を利用してじんわりと火を通す。エビの中心に1本、レアな芯を残すのがポイント。頭部は、別に真っ黒に焼ききって、殻をはずして提供するとよいだろう。

［串を打つ］

1 触角の下についている1対のヒレ状の部位を広げて顔にかける。

2 広げると見栄えがよくなる。

3 尾ビレを開く。尾の一番外側のヒレを広げて、となりのヒレの上にかけて押さえる。

4 広げた状態。もう一方も同様に広げて、尾ビレをせんすのように開く。

5 腹を上に向け、尾ビレについている尖った角の上から串を通していく。

6 腹部の皮すれすれのところに串を通し、頭部の手前で出す。こうすると頭部が反って、勢いよく見える。海老の身を真っ直ぐに伸ばしたいときは頭の先までそのまま通せばよい。

7 竹串を金串の下に通して、安定させる。添え串を打っておかないと、火が通りはじめたときに、身が回ってしまう。

8 串を打ったクルマエビ。焼く直前に頭部と尾ビレをぬらして、塩をふっておく。こげやすい部分にまんべなくふる。

［焼く］

1 火加減は強火の8。炭は平らに積んで、エビ全体に均等に火が入るようにする。 8

2 背側から焼きはじめる。頭部にもきちんと火をあてる。 8

3 焼き色がつきはじめたら裏返して腹側を焼く。何度かくり返して、両側から均等に火を入れる。ずっと強火の8を保つ。 8

4 両側面も強火でさっと焼く。 8

5 焼き上がったクルマエビ。

1本だけで焼くときは、両側に支えをおいて、ここに竹串をかけると安定する。

加熱の甘みと、生の食感
二つのおいしさ

鯖

しめ鯖たたき

酢じめ→藁でいぶす→炎であぶる

○酢じめしたサバを、藁でさっとあぶって燻香をつけた。しめサバとはひと味違う楽しみ方を紹介する。
○型が大きい旬のサバは、表面を酢でしめても、中の肉にはたっぷり脂が残っている。強火であぶると、皮目に入れた細かい包丁目から脂がにじみ出て藁に落ち、しっかりといぶされ香りがつく。
○刺身のアクセントの一品として提供しても面白い。

［酢じめ］

1 サバは三枚におろしておく。

2 バットに塩をたっぷり敷いて、その上に皮側を下に向けたサバをのせ、たっぷりの塩でおおう。

3 常温で3時間おいたサバ。べた塩をあてることで、塩味が浸透するだけでなく、サバから出てくるドリップを塩が吸収し、くさみがサバ全体にまわらないようにしている。

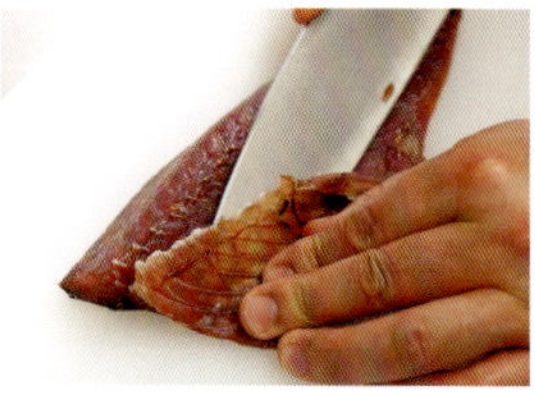

4 流水に5分間ほどさらして塩抜きをする。表面に塩っぽさが残らなければよい。水気をていねいにふいて、腹骨をそぎ取り、残った中骨は骨抜きで抜き取っておく。

5 容器にサバを入れて、生酢を注ぎ、上からペーパータオルをかぶせて、表面にいきわたらせる。

6 30分間しめたサバ。

［切り目］

1 頭のほうから皮をむく。

2 皮下の脂を使っていぶすので、斜めに細かく包丁目を入れて脂を出しやすくしておく。

［串を打つ］

皮目近くに串を通す。右、左、中、間に2本ずつ、計7本打った。大きさによって本数は調整する。

えもいわれぬ藻の香りが、
酢じめのサバをよみがえらせる

［いぶす］

1 一斗缶に藁を立てて入れる。横にねかせて入れるよりも、火がまわりやすい。

2 ガス台の上に缶を設置する。万が一、炎が高く上がっても、ガス台ならば引火の心配がない。

3 缶の中に、真っ赤におきた炭を入れて藁をいぶす。ウチワであおいで空気を入れる。

4 煙が立ってきたら、皮側を下に向けて串をのせる。脂が多い皮側からいぶす。

5 藁に火がついて、炎が上がってきた。この状態で皮目を中心にあぶる。脂が落ちはじめると一層炎が立ってくる。

6 串を返して身側はさっと色が変わる程度にあぶるのみ。すぐに再び返して、皮側をさっといぶす。

7 いぶし終えたしめサバ。

鰆《さわら》 I

味噌幽庵焼き

つける→焼く→かけ焼き→
20分間やすませる→かけ焼き

○サワラは身がやわらかいことから、幽庵地につけて水分を抜き、身を締めて焼くことが多い。秋から冬にかけての脂がのった寒い時期には、幽庵地に白粒味噌を加えた味噌幽庵がよく合う。

○これも幽庵焼き（→26頁）同様、余熱を使った低温加熱。やわらかく熱が通るだけでなく、味もなじむという利点がある。

○つけ地の味噌幽庵地と、かけ地の配合を変えて、味噌味を強調する。かけ焼きをくり返すことで味噌味をのせ、最後は強火でこうばしく味噌の表面を焼いて仕上げる。

［味噌幽庵地］
幽庵地　800cc
白粒味噌　300g

［かけ地］
幽庵地　800cc
白粒味噌　600g

＊幽庵地は、味醂3に対して酒1を合わせて煮きり、冷めたら濃口醤油1.5を合わせてつくる。

［味噌幽庵地］

1 幽庵地に白粒味噌を入れて混ぜて、味噌幽庵地をつくる。

2 味噌幽庵地にサワラをつける。上にペーパータオルをかけて表面に地をいきわたらせる。このまま2時間おいて串を打つ（→14頁）。

［かけ地］

かけ地も幽庵地同様に混ぜるが、味噌の分量を倍にして味を濃くしてある。

［焼く］

1 皮側から焼きはじめる。火加減は弱火2から3で焼く。 2〜3

2 白っぽくなったらすぐに返す。 2〜3

＊生の身ではタレがなじまない。最初の焼きはタレをのりやすくするために行なう。

3 両面から均等に表面のみに火を入れる。側面を見ると火入れ加減がわかる。やや身側からの火入れの割合が多い。 2〜3

4 もう1度返して皮側を焼いて、火入れ加減を均一にする。 2〜3

5 かけ地を全体にかける。

6 焼き台に戻して皮側から焼く。地が炭に落ちて温度が下がるので、おこした炭を積んで温度を保つ。 2〜3

しっとりのった脂と、
焼けた味噌のこうばしさ

7 返して身側を焼く。 2〜3

8 両側から均等に火が入っているのを確認しつつ、タレがけと焼きを3回くり返す。 2〜3

9 表面が乾かないように、かけ地をかけて20分間やすませる。
＊この間に余熱で火が入ると同時に、タレが中に入り、味がしみる。

10 20分間やすませた後のサワラ。中央部分の断面。

11 ここから仕上げのかけ焼きに入る。火を中火5にし、皮側から焼く。 5
＊味噌が入るほうが温度が上がりにくくなるので、火加減は幽庵焼きよりもやや強め。
＊焼くというより、温めて乾かすという感じで。

12 乾いたら返して、身側を乾かす。 5

13 返して、皮側を乾かす。 5

14 火からはずし、かけ地を全体にまんべんなくかける。

15 皮側から焼く。地が炭に落ちて、火力が弱くなるので、適宜炭を積んで中火を保つ。身よりもかけ地を焼くという感覚で。 5

16 3回ほど返しながら焼く。味噌がなじんできた。 5

17 再び火からはずして、かけ地を全体にかける。

18 仕上げの焼きに入る。強火7から8にして、身側から焼く。乾いたら裏を返して味噌をなじませる。 7〜8

19 味噌がなじんだら、最後は味噌を焼くという感覚でこげ目をつけて仕上げる。 7〜8

20 焼き上がった味噌幽庵焼き。

鰆《さわら》 II

味噌漬け

塩→漬ける→焼く→味醂がけ

○魚介の味噌漬けには、味噌の風味をより感じる粒味噌が向く。ここでは白粒味噌を使ってみた。一方野菜の味噌漬けには、やや淡白な味の漉し味噌が合う。それぞれ漬ける素材に合った味噌選びも大切だ。

○味噌漬けはもともと保存を目的とした手法である。今日では流通も発達し、毎日新鮮な魚が手に入るようになったが、適度に水分が抜けて味噌の旨みがしみ込んだ味噌漬けは、お弁当やランチなどにも向く。ここでは魚介に合う白粒味噌の味噌床でつくってみた。

○薄塩をあてると水分がある程度抜けるので、味噌が身に入りやすくなる。

［味噌床］

白粒味噌　2kg
味醂　215cc
酒　50cc
＊よく混ぜる。

［塩をあてる］

バットに薄塩をふり、切り身を並べて上から薄塩をふる。このまま常温で1時間おく。

［漬ける］

1 バットに薄く味噌床を敷いて、ガーゼを上から1枚敷き詰める。

2 サワラの切り身（1枚80g）は、皮側を下に向けて並べる。

3 ガーゼを1枚かぶせて、味噌床を1よりも少し厚めに広げる。

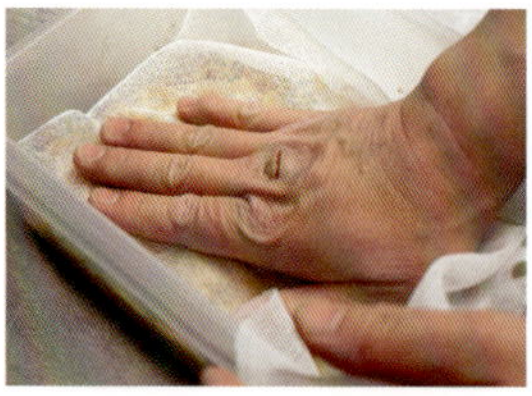

4 ガーゼをかぶせて、軽く押して、冷蔵庫で漬ける。

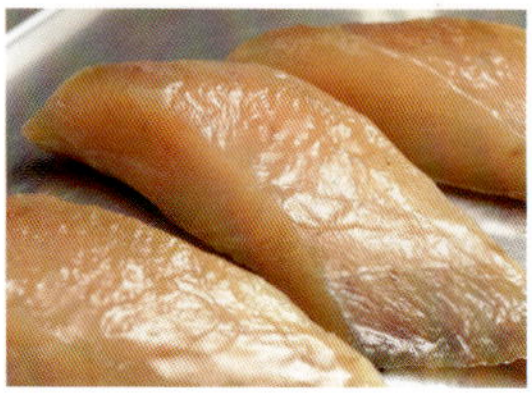

5 3日目のサワラ。3日目から使う。
＊串の打ち方は、14頁に準ずる。

ほどよく味噌味がしみ込んだサワラは
弱火でじっくりと焼き上げる

［焼く］

1 炭は真っ赤におきた状態ではなく、灰をかぶって白っぽいくらいの火加減がよい。 2～3

2 皮側から焼きはじめる。 2～3

3 表面が白っぽくなったら裏を返して身側を焼く。 2～3

4 両側から均等に火が通ったのを確認したら返して、再び皮側を焼く。 2～3

5 返して身側を焼く。こまめに裏を返す。味噌漬けは身から水分が抜けているし、タレがけをしないので（タレをかけると温度が下がるのだが）、あまり焼きに遊びがないので弱火で焼いていく。 2～3

6 何度か裏返して均等に火を入れていく。 2～3

7 きれいに焼き色がついてきたら、火を4から5に強めて刷毛で味醂をかける。立ち上がった煙でサワラをいぶす。 4～5

8 裏を返して身側にも味醂をかける。 4～5

9 再び返して、身側の味醂を乾かす。照りを少しこがすというイメージ。串を回しておく。 4～5

10 最後は表になる皮側を焼いて仕上げる。 4～5

11 焼き上がったサワラ。

鼈《すっぽん》

つけ焼き

下煮→つける→焼く→かけ焼き

○酒と昆布で下煮し、幽庵地につけ込んで味をつけるという何段階かの前仕込みをしたスッポンの焼きもの。すでに完全に火が入っているので、炭火であぶってタレをかけては乾かしながら、味をのせていくという作業となる。

○炭火であぶることでこうばしさと独特の食感が生まれる。

［下煮］

スッポン　1枚（1kg）
酒　1.6リットル
水　2.4リットル
昆布　10cm角（7g）

スッポンを四つほどきにし、霜降りをして表皮をむく。八つに切り分け、酒、水、昆布でスッポンを下煮する。最初強火にかけて、沸いたらアクを取り除く。アクが出なくなったら弱火で20～30分間煮る。写真は取り出して冷ましたもの。

［つける］

1 幽庵地B（↓15頁）を注いで、上にペーパータオルをかけて全体にいきわたらせる。このまま常温で10分間おく。

2 幽庵地から取り出したスッポン。

［串を打つ］

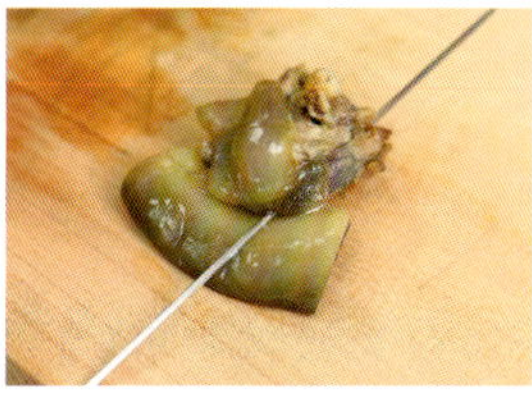

1 ヒレの表側を下に向け、肉の部分に中串を打つ。

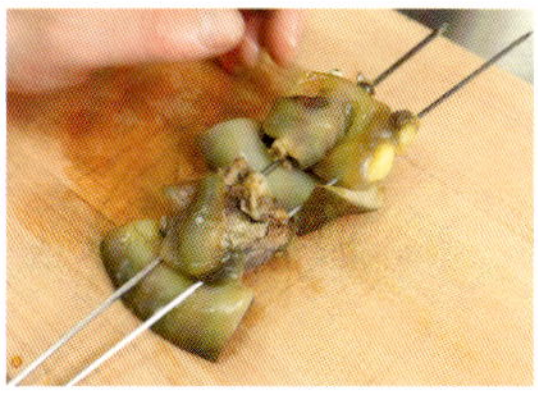

2 平行してもう1本、肉の部分に中串を打つ。

3 串を打ったスッポン。左は肩の肉、右はヒレ。

カリッと焼けた表面と、
独特なゼラチン質の食感の対比

［焼く］

1 火加減を5に調節し、表側から焼きはじめる。 5

2 写真程度まで焼き色がついたら裏返す。 5

3 刷毛で幽庵地Bを2～3回かける。スッポンにはすでに完全に火が入っているので、地をかけて味をのせていくという作業がおもになる。 5

4 幽庵地が乾いて味がのったら、串を返して、裏側にも地を2～3回かける。 5

5 このあと3回ほど串を返して幽庵地をかけ、焼き色が濃くなって、味がのったら仕上げに入る。 5

6 焼き色を均等にまんべんなくつける。 5

7 焼き上がったスッポン。

太刀魚《たちうお》

塩焼き

塩→焼く

○身が薄く長い魚なので、なるべく大きなものを仕入れたい。タチウオの身幅は指4本分くらいが普通だが、今回使用するのは指5本分くらいの大きなもの。徳島産の2kgの大型を使用した。このくらいのサイズになると、ぐっと身が厚くなる。

○ここでは三枚おろしと、筒切りの両方の焼き方を紹介する。今回のような大型であれば、三枚におろしてもよいが、それほど大きくない場合や、子持ちの場合は、筒切りにするといいだろう。ここでは三枚おろしと筒切りの両方の焼き方を解説する。

○タチウオは比較的水分が多い魚。三枚おろしは、身が薄いので、時間をかけると水分が抜けて身がすかすかになってしまうため、やや強火で短時間で焼き上げる。筒切りにした骨付きは、三枚おろしのそれよりも、やや弱めの火でじっくりと焼く。子持ちの場合は、卵を腹の中で蒸し焼きにするような感覚で加熱する。

三枚おろし［切り身・塩をあてる］

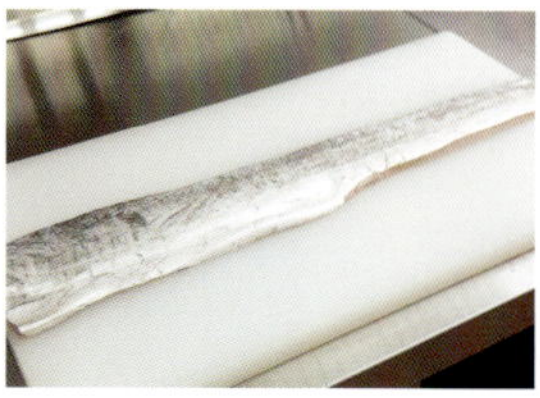

1 三枚におろしたタチウオ。

2 皮と身の間の脂が出やすいように、皮目に浅い包丁目を細かく入れる。

3 1枚70gほどに切り分けて、薄く塩をふったバットに皮目を下に向けて並べ、上から薄塩をふって30分間おく。皮目を上に向けると、塩が身に入りにくくなる。

［串を打つ］

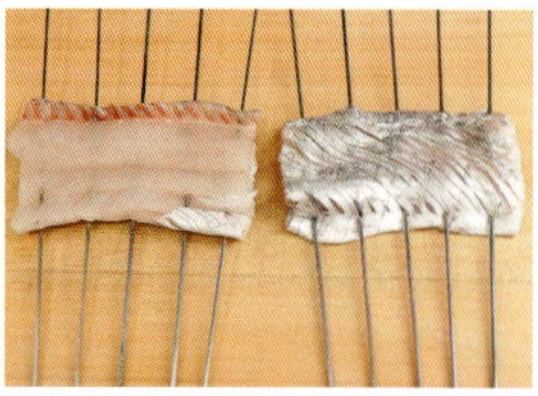

串を打ったタチウオ。腹の身が薄い部分は、写真のように折って、片づまとする。皮側から中串を打ち、身の間を縫うようにして串を通す。

筒切り［切り身・塩をあてる］

タチウオは頭を落とし、1切れ160gの筒切りにし、こげやすい背ビレは切り落とす。身の両面に細かく包丁目を入れる。腹の部分は身が薄いので、入れなくてよい。バットに塩を一面にふり、タチウオを並べて、上から薄塩をふる。このまま常温で1時間おく。

［串を打つ］

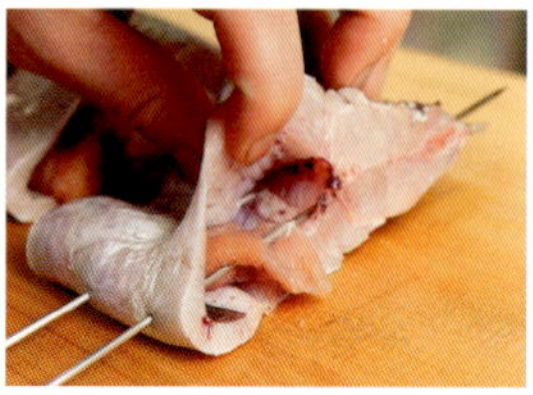

1 腹から中串を刺して、中骨の下を通して背から抜く。2本目は中骨の上を通す。

2 3本目は中骨の下、4本目は中骨の上と、中骨をはさむように交互に通す。

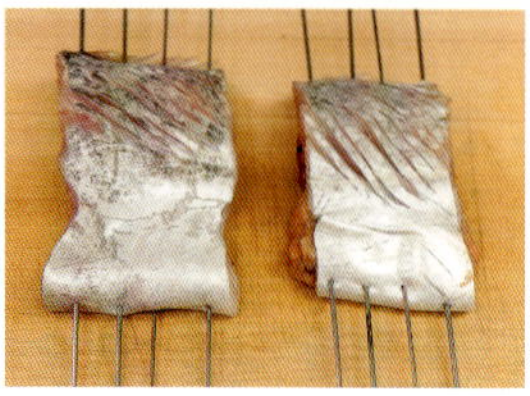

3 1切れに4本刺す。

銀糸のように輝く皮目
さっと焼いて、素材を生かす

三枚おろし［焼く］

1 火加減は中火よりやや強めの6とし、皮側から焼きはじめる。身から水分が抜けすぎないように、短時間で焼く。 6

2 火が入って写真程度に身の周りが白っぽくなってきたら、そろそろ返すタイミング。水分が多い分、火が通りやすい。 6

3 皮側にこの程度の焼き色がついたら、裏返して身側を焼く。火加減は6を保つ。 6

4 身側にこの程度の焼き色がついたら、再び皮側を焼く。仕上げに入る。ここからは焼き色をつけていく。 6

5 皮側にこの程度焼き色がついたら焼き上がり。 6

6 焼き上げたタチウオ。

筒切り［焼く］

1 三枚おろしの切り身より厚みがあるので、火加減は4くらいにし、盛りつけ時に上になる側からじっくり焼く。 4

2 皮に焼き色が少しついてきたら、火加減を5に上げる。卵が入っていない部分は火通りが早いので注意。片側から3割まで火を入れる。 5

3 焼き色がこの程度ついたら、裏返して、火加減を再び4に下げる。なるべく返す回数を減らしたいので、炭の火加減でこまめに調節する。 4

4 焼き色が少しついてきたら、火加減を再び5に上げる。少しずつ脂が落ちはじめる。こちら側からも3割火を入れる。 5

5 もう1回ずつ裏返して焼き色をつける。火加減は5を保つ。 5

6 皮がぷっくりとふくれて、おいしそうな焼き色がついたら焼き上がり。 5

7 焼き上がったタチウオ。卵は腹の中で蒸し焼きにされて、しっかり火が通っている。

鱧《はも》 I

つけ焼き

塩→焼く→かけ焼き

○ハモは朝仕入れて夜使う。鮮度のよさが重要だ。ほかの魚は、仕入れてから熟成期間をおくのだが、ハモの場合、時間をおくほど身がぱさついてしまうのだ。

○身は淡白で、脂も味も強くないので、骨切りしたハモに幽庵地をかけながら焼く。幽庵地の味を十分含ませて焼き上げることがポイント。火入れは身側からの割合が多くなる。徳島産の800gのハモを使用。

［骨切り］

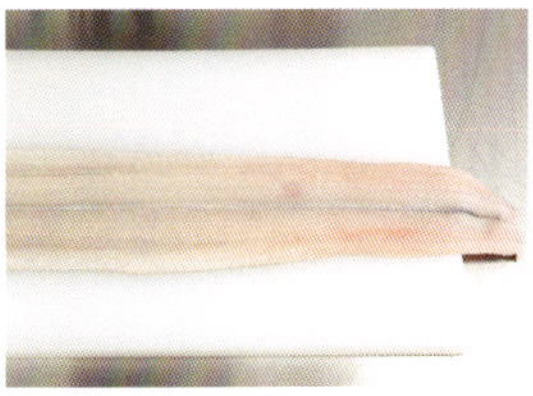

1 腹開きしたハモ。

2 細かく包丁目を入れて骨切りをする。

3 25cmに切りそろえる。

［塩をあてる］

塩焼きにする場合、バットに薄塩をふり、皮目を下に向けて並べ、上からさらに塩をふる。塩が全体にまわってなじむまで20分間ほど常温におく。

［串を打つ］

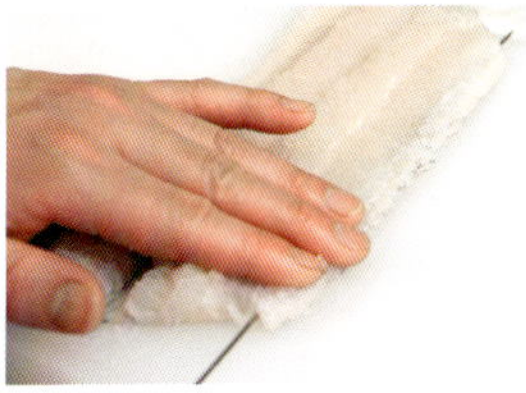

1 皮ぎりぎりのところに、細串を打つ。4本の串のうち、両端は細串、中2本は中太串。

2 串を打ったハモ。

［焼く］

1 火加減を4の中火にする。 4

2 皮側から焼きはじめる。 4

3 すぐに、ふちが縮んでくるので、手早く裏返して身側を焼く。まず皮側をさっと焼いておくと、身が丸まるのを防ぐことができる。 4

骨切りの身一枚一枚に、
幽庵地がこうばしくからむ

4 身が丸く反り返ってくるので、両端の串を押さえながら焼く。 火加減 4

5 身側に写真程度にうっすらとこげめがついてきたら、火を3に落として、引き続き身側を焼く。 火加減 3

6 写真程度に色がついたら、火を5に上げて返し、皮側を焼く。 火加減 5

7 身側に刷毛で幽庵地B（→15頁）をかける。地が下に落ちると炭の火力が弱まるので、赤くおきた炭を移して5の火加減を保つ。 火加減 5

8 再度幽庵地をかける。 火加減 5

9 皮側に写真程度の焼き目がついたら、身側に幽庵地をかけたのち（3回目）、身側を焼く。 火加減 5

10 皮側にはじめて幽庵地をかける。 火加減 5

11 身側が乾いたら返して、身側に幽庵地をかける。火は5を保つ。 火加減 5

12 皮側が乾いたら返して、皮側に幽庵地をかける。身側、皮側へのタレがけをもう1回ずつくり返す。 火加減 5

13 かけた幽庵地に濃度がついてきた。 火加減 5

14 仕上げのタレがけに入る。身側に幽庵地をかけ、裏返して乾かす。 火加減 5

15 皮側に幽庵地をかける。地がぐつぐつと煮詰まって照りが出てきたら焼き上がり。 火加減 5

16 焼き上げたハモ。

鱧《はも》 II

塩焼き

塩→焼く

○あらかじめ塩をあてたハモに串を打って焼く。かけ焼きでは身側にタレの味をからませるために、身側をよく焼いたが、塩焼きの場合は、かけ焼きのときよりも、皮側から多めに火を入れて、皮のカリカリとした食感を大切にする。

＊串を打つまでの仕込みは、かけ焼きに準ずる（→123頁）。

［焼く］

1 火加減を4に整えて、皮側から焼きはじめる。身が縮んできたら、すぐに裏返して身側を焼く。 4

2 身が丸まってくるので、両端の串で押さえながら身側を焼く。 4

3 写真程度にうっすらと色がついたら、皮側を焼く。炭を積み上げて火加減を5に上げる。 5

4 皮にこんがりと色がついてきたら、身側を焼く。 5

5 身側にきつね色に焼き色がついたら皮側を焼く。これで身側の火入れは終了。 5

6 皮がカリカリしたら焼き上がり。 5

7 焼き上げたハモ。

皮のカリカリとした
食感が決め手

ふぐ I

風干し

風干し↓焼く

○おろしたフグの身欠きを使う。焼きものには、身のまわりの薄皮は引かないほうが数段旨い。塩をあてて酒で洗い、ザルに上げて風通しのよいところにおいて半日乾かした風干し。場所がない場合は、冷蔵庫の冷風があたるところにおいて乾かしてもよい。
○身が薄いが、強火でさっと焼くのではなく、弱火でじっくりと焼いて、水分を抜き、旨みを凝縮させる。

［笹開き］

1 三枚におろしたフグの身。身をおおっている薄皮はそのまま残す。

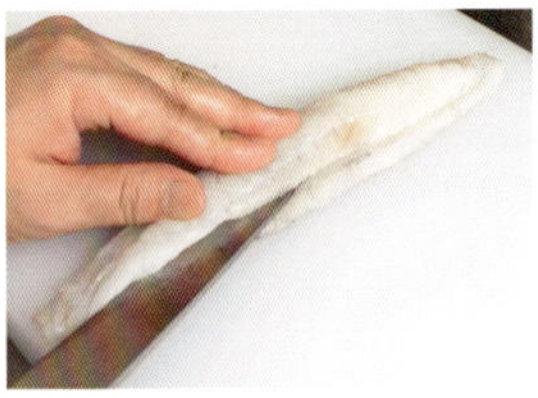

2 背側から包丁を入れて、身を開く。

［風干し］

1 バットに塩をふり、外側(薄皮側)を下にして並べる。上からさらに塩をふって冷蔵庫で1時間おく。

2 酒でさっと洗い、ザルに並べ、風通しのよい天日で半日干す。

3 干したフグ。水分が抜けて、旨みが凝縮し、飴色になる。

［串を打つ］

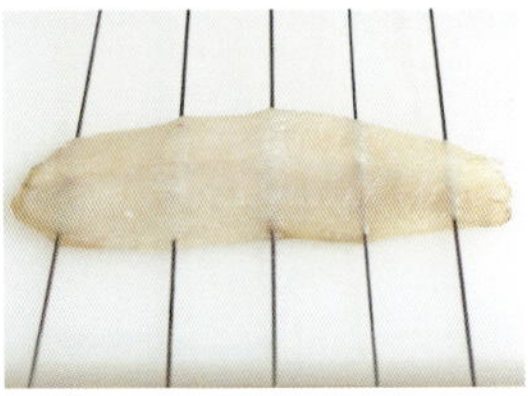

焼きやすいように、細串を5本打つ。串は身の半分の厚さに通す。

風干しし、
じっくり焼いて、
フグの旨みを凝縮

［焼く］

1 火加減は弱火の2。

2 薄皮がついた外側から焼きはじめる。

3 写真のように、少し黄色っぽくなって、身が縮んできたら返す。

4 身の内側を焼く。外側から水分が浮いてきたら、火加減を3に上げる。

5 身を返し、外側を焼いて焼き色をつけていく。だんだん内側の身がふっくら盛り上がってきた。

6 裏返して内側を焼く。うっすらと均等に焼き色がついてきた。

7 火加減を強火の8に上げて、外側を焼く。

8 外側に焼き色がついたら、身を返して、内側にも焼き色をつける。

9 焼き上がったフグ。上が内側、下が外側の焼き上がり。

ふぐ II

つけ焼き

つける→焼く→かけ焼き

○ぶつ切りのフグを幽庵地につけて、こんがりと焼いたつけ焼き。フグはぶつ切りにすると身が縮まないし、なんといっても骨の周りが旨いので、骨付きのまま焼くのがよい。ここで使用したのは1尾330gのトラフグ。

［幽庵地］

味醂　3

酒　1

濃口醤油　1.5

＊味醂と酒を合わせて火にかけ、アルコールを煮きり、冷めたら濃口醤油を合わせる。

［つける］

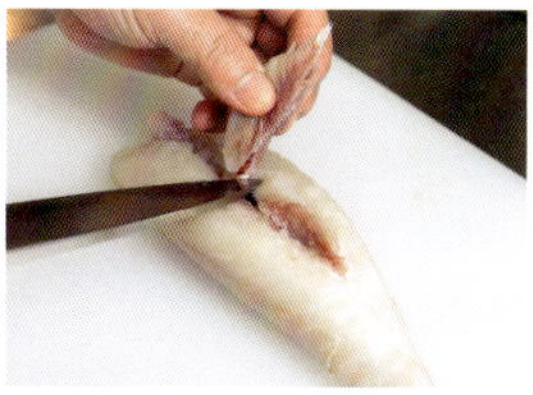

1　フグの腹側にあるウグイスと呼ばれるかたい骨を包丁を入れて切りはずす。

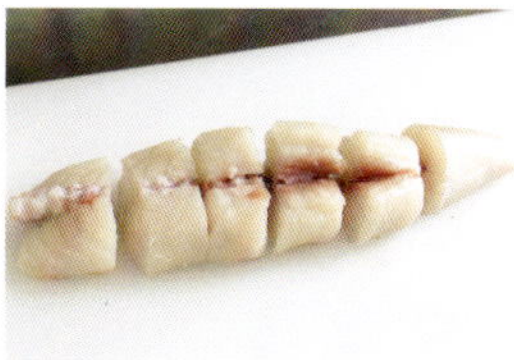

2　出刃包丁で1切れ60gのぶつ切りにする。

3　密封容器にフグを並べ、幽庵地を注いで、全体にまわるように、上からペーパータオルをかけて30分間おく。

［串を打つ］

中串を2本ずつ、身の厚さの半分のところに通す。

幽庵地がとろりと煮詰まって、
こんがりと焼けたフグに
こうばしくからむ

［焼く］

1 中火の4の火加減で焼きはじめる。 4

2 表面に火が通って、写真程度まで白っぽくなったら返す。 4

3 こちら側からも2割ほど火が通ったら、火を6に上げる。 6

4 幽庵地をかける。かけては身を返すことを数回くり返す。火加減はずっと6を保つ。 6

5 こんがりと焼き色がついてきた。 6

6 さらに幽庵地をかけながら焼く。幽庵地が下の炭に落ち、煙でいぶされる。 6

7 火を8に上げて、仕上げの焼きに入る。幽庵地が泡立って濃度がついたら、そろそろ焼き上がり。 8

8 この程度まで焼き色をこんがりつける。 8

9 焼き上がったフグ。

ふぐ白子《しらこ》

○トラフグの白子である。年が明けると、大きく育った白子が出回る。
○焼きものにはふっくらと大きいものを選びたい。鮮度の見極めは、表面のハリと色の美しさ。丸のまま串を打って焼く場合もあるが、私は好みの厚さに切ってから焼いている。焼餅のように断面にこんがりとおいしそうな焼き目をつけることができる。
○焼く前に、あえて塩をふらず、紅葉おろしとポン酢ですすめる。

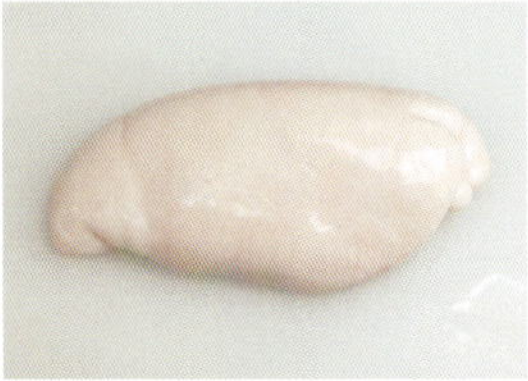
トラフグの白子。白色が美しく、ふっくらと張っているものを選ぶ。

［串を打つ］

1 使いたい厚さに切り分ける。ここでは厚さ2㎝に切った。

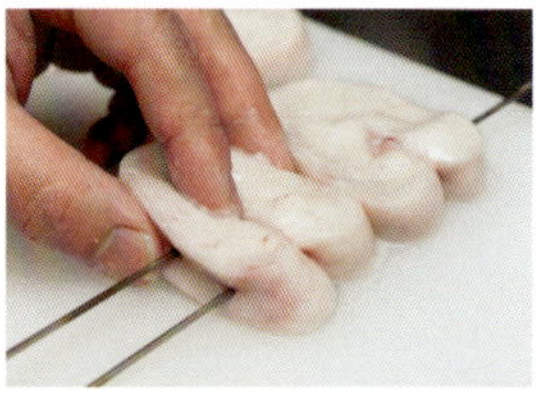
2 身の厚さの半分のところにばらけないように串を打つ。

3 右、左、中の順に串を打つ。塩焼きにする場合は、串を打ったのちに塩をふる。

［焼く］

1 中火5の火加減にして、焼きはじめる。強火であぶると、中まで焼けないうちに表面がこげてしまう。 5

2 片側を4から5割程度焼く。返してみると次第に表面が乾いてきたのがわかる。火を弱めないように注意する。 5

3 これくらいこげ目がついたら返す。反対側(今までの上側)はすでに表面が乾いているので、火が入るのにあまり時間がかからない。 4

4 表面をさわると、白子の中がぐつぐつ沸いているのがわかる。沸いていたら火が通ったということ。 4

5 仕上げに入る。赤くおきた炭を積んで焼き色をつける。 5

6 何度か返して焼き色をつける。 5

7 焼き上がった白子。

ぷっくりとふくれた熱々の白子
中はぐつぐつ沸き立って、
口の中でとろりととろける

鮪《まぐろ》 大とろ

あぶり

塩→あぶる

○燻香が個性的な大トロは、さっぱりと塩と山葵ですすめる。
○あぶったあと、氷水にさらしたくないので、必要以上に火が入らないように、さく取りした切り身は冷蔵庫でよく冷やしておくことがポイントだ。また冷やしておくことで、あぶった表面の温かさと中の温度差も楽しめる。
○大トロの場合、常温に出しておくと、焼く前に脂が溶け出してしまうのでくれぐれも注意したい。

［さく取り］

大とろは、180gにさく取りしておく。直前まで冷蔵庫で冷やしておくこと。

［串を打つ］

1 半分の高さに、太い串を打つ。

2 右、左、中2本の計4本。

［塩をふる］

焼く直前に、表面にうっすらと塩をふる。塩粒が残っているほうが、焼き色に表情が出る。

［あぶる］

1 強火で一気にあぶりたいので、火加減は10の強火に。赤くおきた炭を高く積み上げる。ウチワであおいで真っ赤におこしておく。 10

2 炭に大トロを近づけて、表面のみを一気にあぶる。ウチワであおぎながら常に強火を保つ。 10

3 片側からこの程度まで火を通す（1割程度）。 10

4 裏返して、反対側も同様に10の強火であぶる。 10

5 炭の温度はどんどん上がってくるので、少し炭を低くして離して同じ火加減10を保つ。 10

6 焼き上がり。塩とおろし山葵ですすめる。

燻香をまとった大とろは、
甘い脂とともに
口の中ですっと融けていく

真《ま》鯛《だい》 I

塩焼き

塩→焼く

○タイは脂が少ない。強火で焼きはじめると、表面のたんぱく質が焼き固められて、脂が少ない分、身の中に火が入りにくくなる。最初は弱火で焼きはじめることが大切だ。
○脂が少ないため、火入れの遊びがきわめて狭い、むずかしい魚でもある。当然炭から立つ煙も少ないので、燻香がつきにくくなる。
○皮がこげやすいので、おもに身側から火を入れる。皮側から3割、身側から7割というイメージで。

［切り身］

1 三枚におろしたのち、片身を背と腹に切り分ける。

2 皮目に細かい包丁目を一面に入れて、切り分ける。

3 1枚80gに切る。

［塩をあてる］

バットに薄塩をふり、皮目を下に向けて並べ、さらに上から薄塩をふる。常温で1時間ほどおく。

［串を打つ］

腹身の薄い部分は折って、身をうねらせるようにして串を打つ。切り身の大きさに合わせて、串の本数を決める。左は腹側、右は背側の切り身。

内側からふっくらと
ふくらんでくる
ほくほくした淡白な味

［焼く］

1 最初は2の弱火で、皮側から焼きはじめる。脂肪分が少ない肉質なので、たんぱく質が固まりやすいため、まずは弱火で。（2）

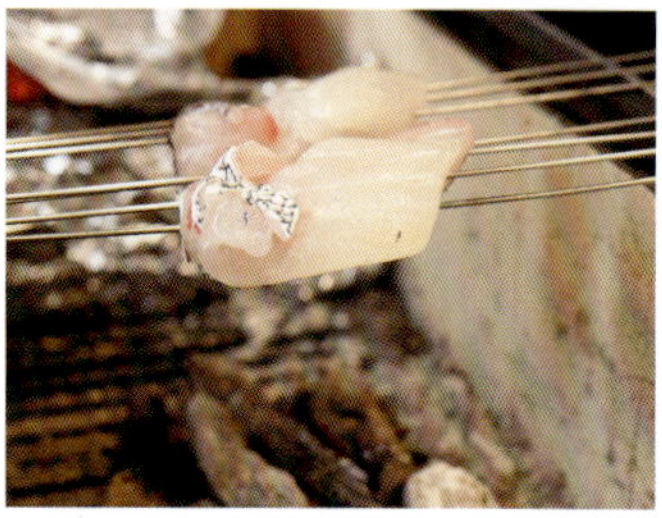

2 皮目にこの程度の焼き色がついて、2割ほど火が入ったら、身側を焼く。（2）

3 火加減を3くらいに上げたら、返す。（3）

4 皮側を焼く。皮側はこげやすいので、注意。（3）

5 火加減を4まで上げて身側を焼く。串を移動しながら、切り身に均等に火を入れていく。（4）

6 身側にこの程度の焼き色がついたら、炭を積み上げて、火加減を6に上げる。（6）

7 引き続き身側から火を入れる。（6）

8 この程度身側に焼き色がついたら、皮側を焼く。火を7に上げて表面のみに火を入れてパリッと仕上げる。（7）

9 皮側にこんがりと写真程度まで焼き色をつけたら焼き上がり。

真鯛《まだい》 II

尾頭付き

塩→焼く

○勢いよく泳ぐ姿と、自然なタイの形をイメージして串を打って焼き上げる。尾頭付きは、姿の美しさが求められるので、身崩れしないよう、極力返す回数は少なくする。また背ビレを立てたり、胸ビレ、腹ビレ、尾ビレなどがこげないように、アルミホイルで包んでおくとよい。ただしあまりホイルが重いとヒレを損なうので注意する。
○骨以外はすべて食べられるように、しっかりと火を入れたいので、魚に火が入るまではこがさないよう、弱火で焼いていく。ここでは350gの小型のマダイを使用。

［水洗い］

1 エラを抜き、ウロコを引いたものを用意する。

2 盛りつけたときに裏側となる腹に、斜めに切り目を入れる。腹の下を真っ直ぐに切ると、身が薄いので弱くなる。

3 ここから内臓を抜く。腹の内側を歯ブラシでこすり、血合いなどを洗い落としたら、水気をしっかりふく。

4 表側と裏側に、斜めにそれぞれ浅い包丁目を7本ずつ入れる。

［塩をあてる］

バットに塩をふり、盛りつけ時の表側を上にしてマダイをのせ、上から塩をふって30分間常温において塩をなじませる。

［串を打つ］

1 まな板の上に盛りつけ時の表側を上にしておき、頭を持って身を反らせる。

2 裏側の身の頭のつけ根から下に向かって串を通す。

3 タイを持ち直して、親指2本分くらい先に串を刺し入れる。この間の串の長さが短いほど、頭がぐっと持ち上がる。

4 中骨の下を通し、尾ビレの手前から串を出す。表側の身を傷つけないように注意する。

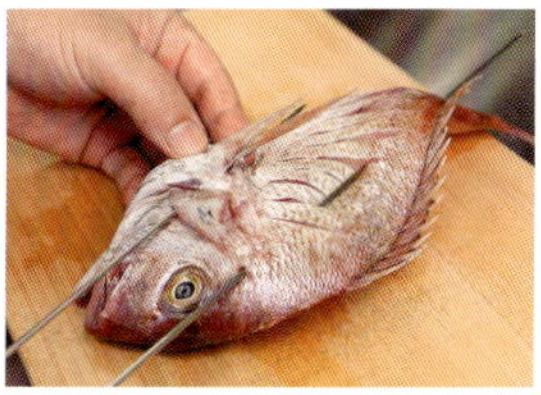

5 もう1本の串は、エラブタを押さえるように上から串を刺し、胸ビレの後ろあたりに出す。

6 腹の切り目の上に串を渡して、切り目を押さえるように刺し入れる。

7 先の串と平行に通し、尾ビレの手前に出す。

8 背ビレの1本目を抜く。

9 背ビレを広げ、抜いた1本目の背ビレを2本目の背ビレのつけ根あたりに、斜め下に向かって刺して立たせる。大きなタイならば、胸ビレにも楊枝を刺して立たせるとよい。

10 胸ビレ、腹ビレ、尾ビレにアルミホイルをかぶせてこげないようにする。

［焼く］

1 火加減は2の弱火で。炭に灰をかぶせて、弱火にする。骨付きなのでじっくり温度を上げる。 2

2 盛りつけ時の表になる側から焼く。尾ビレは下に曲げて、鉄灸を使って形をつける。 2

3 形が決まったら、鉄灸から離して弱火のままで焼いていく。姿を損ねるので、あまり裏表を返さないほうがよい。 2

4 この程度まで焼き色がついたら、裏側を焼く。この段階では尾ビレに火が通り、形が決まっている。 2

5 裏側にも4と同程度の焼き色がついたら返して、表側を焼く。この段階で全体の7から8割程度火が通っている。タイから脂を落とすために、炭を積んで火加減を3に上げる。炭は尾と頭のほうではなく、身の部分に火があたるように積む。 3

6 さらに火加減を3から4に上げて、表側の身の部分のみに焼き目をつける。 3〜4

7 返して裏側にも焼き目をつける。 3〜4

8 焼き上がったタイ。ヒレのアルミホイルをはずして盛りつける。

骨付きの魚には、
切り身にはない脂や旨みがある

真《ま》名《な》鰹《がつお》 I

幽庵焼き

つける → 焼く → かけ焼き → 20分間やすませる → かけ焼き

○体色は金属のような銀色で、平らな形をした高級魚。産地は和歌山県や瀬戸内海、高知などが知られており、関西では人気の魚種。関東ではこれまであまり使われなかったが、流通の発達により最近ではよく出回るようになった。

○ここで使用したのは、2.5kgの大型のマナガツオ。水分が少なく、肉質が緻密で、含まれる脂の質が繊細で上品な魚だ。

○マナガツオは身質が緻密でなめらかなので、表面にかけ地がのりにくいため、地の量は、サワラなどと比較すると多めにかけている。またサワラよりも脂が少ないので、焼き色がつきにくいため、返す回数も多くなる。

○途中で20分間火からはずしてやすませるが、サワラよりも水分が少ないので、余熱が入る量も少なくなる。したがって、仕上げの焼きの段階で火入れを補う。

［幽庵地］
味醂　2
酒　1
濃口醤油　1
ユズの輪切り　適量

［かけ地］
幽庵地　適量
ユズ皮みじん切り　適量

＊幽庵地は、味醂と酒を火にかけて、アルコールを飛ばし、冷めてから、濃口醤油を合わせる。

［切り身］

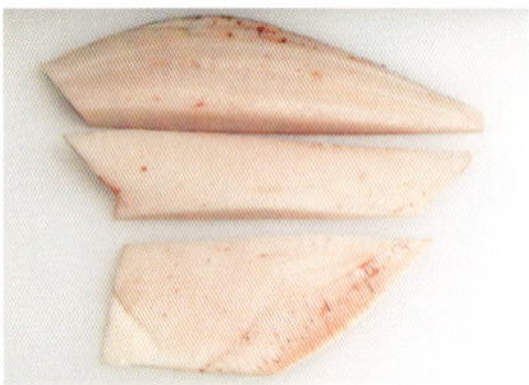

1 マナガツオの半身を3等分に切る。小さいものならば、半身を2等分が適当。

2 これをさらに切り分けて切り身にする。背側の身は1枚70g。腹側の身は、脂がのっているので60gを目安とする。それぞれ両端の切り身は、形を考えて焼きものには使用しない。

3 皮目には、細かい切り目を入れる。ここから脂が出て、こうばしく焼き上がる。

［つける］

1 切り身を幽庵地につけてユズをのせる。上からペーパータオルをかぶせて、表面にいきわたるようにして常温で1時間半つける。

2 幽庵地から取り出したマナガツオ。

［串を打つ］

串を打ったマナガツオ。切り身の薄い部分は片づま折りにして串を刺し、身を波打たせるように曲げて串を通していく。左は腹身、中央は背身、右は真ん中の部位の切り身。

しっとりと、じんわりと
味がしみ込んだ緻密で上質な身質

［焼く］

1 皮側から焼きはじめる。こげやすいので火加減は弱火2。幽庵地がのりやすいよう表面を乾かす。 2

2 皮側にうっすらと色がついてきたら返して身側を焼く。この時点で皮目から2割程度火が入っている。 2

3 皮側に刷毛でかけ地をかける。地が炭に落ちて火力が落ちるので、炭を入れかえて火力を落とさないよう注意する。 2

4 身側からも2割焼いたら、返して皮側を焼き、身側に刷毛でかけ地をかける。皮側から3～4割まで火が入ったら、もう1度身側にかけ地をかけたのち、返して身側を焼く。 2

5 皮側にかけ地をかける。身側からも同様に3～4割火を通す。 2

6 乾かないよう両側にかけ地をかけ、火からおろして、20分間やすませる。

7 火加減を3から4に調整し、やすませておいたマナガツオを身側から焼きはじめる。皮側にかけ地をかける。 3～4

8 身を返して、身側にもかけ地をかける。 3～4

9 皮側が乾いたら返す。ツヤが出て焼き色がつくまで、数回かけ地をかけながら、返すことをくり返す。 3～4

10 仕上げに入る。火加減を6くらいに上げる。皮側と身側を交互に返しては地をかけて焼く。 6

11 焼き上げたマナガツオ。串を回しながら抜く。

真《ま》名《な》鰹《がつお》 II

味噌幽庵焼き

つける→焼く→かけ焼き→20分間やすませる→かけ焼き

○幽庵地に味噌を加えて、味にボリューム感を出した。

○かけ地をかけながら焼き、余熱で20分間おいてやわらかく火を入れてしっとりと仕上げた。味噌幽庵地の力強さに負けないよう、盛りつけ時に、上からユズ皮のみじん切りを散らす。

＊串を打つまでの仕込みは幽庵焼き（→144頁）に準ずる。ただし地は味噌幽庵地にかえる。

［味噌幽庵地］

幽庵地　800cc
白粒味噌　300g
＊幽庵地（→144頁）に、白粒味噌を混ぜる。

［かけ地］

幽庵地　800cc
白粒味噌　600g
ユズ皮みじん切り　適量
＊幽庵地（→144頁）に、白粒味噌とユズ皮を混ぜる。

［焼く］

1 皮側から焼きはじめる。表面を乾かし、かけ地をのりやすくする。 火2

2 皮側がうっすらと色がついて乾いたら返して身側を焼く。この段階で皮目から2割程度火が入った。 火2

3 両側が乾いたら、かけ地をかける。

4 かけ地が炭に落ちて火力が落ちるので、炭を移動して火力を上げる。身が薄い部分や厚い部分の串を同時に焼き上げたいときは、薄い身は火の弱いところに移すなどして調節するとよい。 火3〜4

5 身側から焼く。 3~4

6 3割くらい火が入ったら身を返して、皮側を焼く。火力を保つように常に炭を入れかえる。 3~4

7 皮側から3割ほど火が通ったら、もう1度返して身側を乾かす。 3~4

8 身側が乾いたら火からはずして、かけ地をまんべんなくかける。

9 身側から4割まで火を入れる。 3~4

10 裏を返して、皮側からも4割火を入れる。 3~4

11 表面が乾かないように、かけ地をかけて20分間やすませる。

12 身側から焼く。皮側から焼くと、かけ地が落ちてしまうこともあるし、火が強すぎるとこげてしまう可能性もあるので、身側を焼いてみて火加減を確認する。 3~4

13 裏返して、皮側を焼く。 3~4

14 かけ地をまんべんなくかける。

15 身側から焼く。少し火を強くするために、炭を積む。弱火で焼き続けると、水分が抜けて身がスカスカになってしまう。 4

16 裏返して6から7の火加減にする。味噌幽庵のかけ地は味噌が入っているため、幽庵地よりも水分を保持でき、温度が上がりにくいので強火で焼く。 6~7

17 かけ地をまんべんなくかけ、身側、皮側を乾かしたら、赤くおきた炭を積んで、火を8から9に強める。何度か返す。 8~9

18 味噌の生っぽさを、強火でしっかりと焼く。 8~9

仕上げに
カリッと味噌を焼く

真《ま》名《な》鰹《がつお》 III

味噌漬け

塩→漬ける→焼く→味醂がけ

○味噌床のベースは味噌と酒と味醂でつくる。酒の比率が高いほど、焼いたあとも酒のにおいが立つ。逆に味醂だけにすると魚の水分が抜けやすくなり、身が締まってかたくなる。それぞれの調味料のよさを引き出すような配合を見つけることが大事だ。

○味噌漬けにすると、魚から水分が抜けて火が入るのに時間がかかるため、こげないように弱火でじっくりと焼く。

［味噌床］

白粒味噌　2kg
味醂　215cc
酒　50cc

＊味噌の中に味醂と酒を何回かに分けて少しずつ加えて泡立て器でよく混ぜる。

［塩をあてる］

バットに薄塩をふって、切り身（1枚80g）をのせ、さらに上から塩をふって、常温で1時間おく。

［漬ける］

1 バットに味噌床を入れて、薄く平らにのばす。

2 上にガーゼを1枚敷く。手前のガーゼは、切り身にかぶせるので、長く残しておく。

3 皮目を下に向けて切り身を重ねないように並べる。

4 手前のガーゼを切り身にかぶせる。

5 少し厚めに味噌床を広げる。味噌は上から下に落ちてくるので、上は厚め、下は薄めにのばす。ガーゼをかぶせて冷蔵庫におく。

6 3日目から使う。漬けるときに密封容器に魚種と漬け込んだ日付をかいておくと便利。

中までじんわりしみ込んだ味噌と、
上質な脂のバランスのよさ

［串を打つ］

右側から打ちはじめ、左、中を打つ。身が薄い腹の部分は、片づま折りとする。

［焼く］

1 真っ赤におきているよりも、白い灰が周りについているくらいの火加減で。 2~3

2 皮側から焼きはじめる。 2~3

3 うっすらと焼き色がついたら返して、身側を焼く。 2~3

4 側面を見て、身側からもこの程度まで火が入ったら裏返す。 2~3

5 皮側を焼く。 2~3

6 皮目の焼き色が濃くなってきたら、身側を焼く。サワラよりも身が薄いので、比較すると返す回数は少ない。 2~3

7 火加減を3から4に強めて、味醂を刷毛で皮側に塗る。味醂が落ち、いっせいに立ち上がった煙でマナガツオをいぶす。 3~4

8 返して身側にも味醂をかける。 3~4

9 返して身側を焼いて仕上げる。こげる寸前の照りがよい。 3~4

肉と野菜

牛肉 ひれ

塩焼き

塩コショウ→焼く→弱火でやすませる

○サーロインと比較すると、脂が少なく、やわらかい肉質のヒレ。同じ牛肉でも、部位によって焼き方はおのずと変わってくる。

○脂が多い部位は、肉の中に入り込んでいる脂でたんぱく質が熱せられるので肉に火が通りやすいため、それほど強火でなくていいが、ヒレのように脂が少ない部位は、ある程度火を強めないと、中まで火が入っていかない。このため強火である程度焼いてから、火を弱めて、強火で焼いたときの余熱を利用しつつ、中心に火を入れていく。

［串を打つ］

200gのヒレ。厚さは3.5㎝ほど。半分の厚さのところに串を打っていく。まずは右から。ついで左、右から2本目、左から2本目、中央の順。焼いている途中で肉がバラけないように串を通す。塩、コショウをふって、1時間冷蔵庫で味をなじませたもの。

［焼く］

1 火加減は強めの8。表面のみに火を通すイメージ。 8

2 脂が炭に落ちはじめ、煙が立ってきた。 8

3 横から見ると、表面の色が変わってきたのがわかる。そろそろ返すタイミング。 8

4 これくらい表面に火が通ったら裏返す。このあと何度か返しながら、ある程度まで火を入れる。 8

5 指で肉の弾力をみて火の入りかたを確認しておく。 8

6 焼き台に火加減2の炭床をつくり（炭の数を減らす）、ここに移す。ここで最終的に火入れ具合を調整する。 2

7 これくらいの弱火だと、脂が多少落ちても炎は立たない。 2

8 焼き上げて串をはずしたヒレ。

すっと噛み切れるやわらかさが身上
火入れ加減がすべて

牛肉 いちぼ

塩焼き

塩コショウ→焼く

○サーロインの後ろにある「ランイチ」という部位の一部。ラウンドの大きい部分は比較的サシが少なく、両サイドの薄い部分は、ほどよくサシが入り、しっかりとした肉質でかむほどに旨みが増す。サーロインとランプのよさを併せ持つ、サシの甘さと赤身肉の旨さがある部位だ。
○素材の味がそのまま味わえるシンプルな塩焼きで。

いちぼ。

［串を打つ］

1枚180g、3.5cm厚さに切り、右から4本串を打つ。塩、コショウをふって、1時間おいたもの。

［焼く］

1 炭を3の火加減に調整して焼きはじめる。 3

2 1.5割ほど火が入ったら返す。火加減は3を保つ。 3

3 こちら側からも1.5割ほど火が入ったら、再び返す。 3

4 何度か返しながら、両側から均等に火を入れていく。 3～4

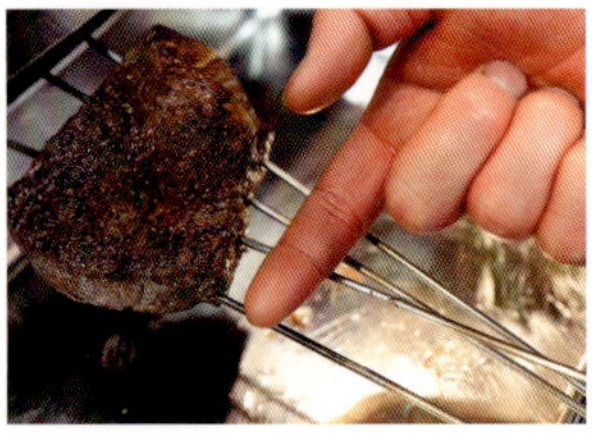

5 串を少し抜いて、肉の中の温度を確認する。 3～4

6 最後の仕上げに入る。表面にまんべんなくおいしそうな焼き色をつけて仕上げる。 3～4

7 焼き上がり。

8 断面。

ほどよい噛み応え、
口いっぱいに広がる肉汁

牛肉 もも I

味噌幽庵焼き

つける→焼く→かけ焼き→5分間やすませる→かけ焼き→アルミホイル→焼く

○もも肉の内部にある「シンタマ」という赤身の部位を使用した。一般的にもも肉はかための肉質だが、シンタマはとてもやわらかいのが特徴。
○サーロインなどよりもコクが少ないので、味噌幽庵焼きにしてみた。1度火からはずしてやすませ、周りにかけたかけ地の余熱で火を入れていく。同時にかけ地の味も肉の中にしみ込んでいく。
○脂が少ない部位なので、燻煙が立ちにくいため、アルミホイルをかぶせて、香りをこもらせた。味噌や醤油はこげやすいと思われがちだが、炭火で温度が上がつた肉にかけ地をかけると、肉の表面温度が下がるので、こげを恐れずに強火で仕上げる。

もも肉内部のシンタマを使用。

赤身部位なので、食べやすいよう少し薄めの3cmに切る。1枚220g。

［味噌幽庵地］
幽庵地　200cc
白粒味噌　150g

［かけ地］
幽庵地　150cc
白粒味噌　150g

＊味醂2：酒1：濃口醤油1.5。味醂と酒を煮きって、冷めたら濃口醤油を加えて幽庵地をつくる。白粒味噌を混ぜる。

［つける］

1 味が入りやすいよう、串で断面に穴を開ける。

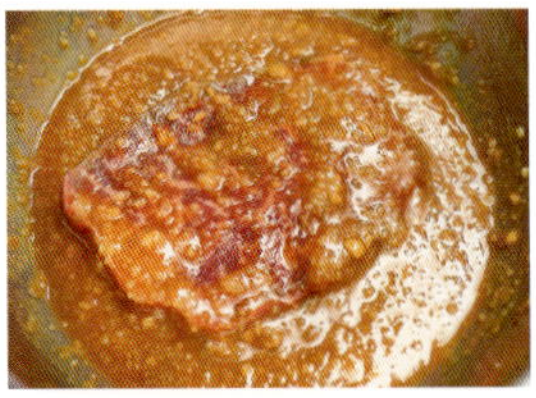

2 味噌幽庵地に30分間つける。

［串を打つ］

右から順に打つ。切り身の大きさによって、串の本数を増減する。太串を使用。

味噌幽庵の
ダイナミックな旨みが
肉を包む

［焼く］

1 炭を3くらいの弱火に調整して焼きはじめる。 3

2 表面が乾いて、表面のみに火が通ったら裏返す。 3

3 乾いたところに、かけ地をかける。乾かないと地がのらない。 3

4 かけ地がこの程度まで乾いてきたら返す。 3

5 こちら側にもかけ地をかける。下側のかけ地を熱するために4の火加減に上げる。味噌はこげやすいが、かけ地をかけることで、温度が下がるので、おそれずに火を強くする。 4

6 表面のかけ地の周りが少しこげてきたら裏返す。写真は裏返したあとの状態。 4

7 もう1回ずつ、かけ地をかけながら裏返す。 4

8 火からおろして5分間程度やすませる（ある程度粗熱がとれればよい）。ここまでで2割ほど火が入っている。熱くなったかけ地が肉の中に入り込んで火が通り、味もしみ込む。やすませた後はさらに1割程度火が入る。

9 再び火にかける。火加減は4から5に上げる。上からかけ地をかける。 4～5

10 乾いたら裏返す。写真は返したところ。味噌が乾いて、少し端のほうがこげてきている。 4～5

11 さらに上からかけ地をかけて、強火で表面に火を入れる。地がたれると、炭の温度が下がるので、適宜炭を積み足しながら焼く。 8～9

12 アルミホイルをかぶせて、燻香をこもらせる。このあと3回ほど裏返してかけ地をかける。アルミホイルはかぶせたまま。 8～9

13 アルミホイルをはずして、焼き色をつけて仕上げる。 8～9

14 焼き上げたもも肉。断面。

牛肉 もも II

たたき

A：塩→焼く→藁でいぶす（アルミホイル）
B：塩→藁であぶる

○脂の少ない牛もも肉の表面をあぶった「たたき」を紹介する。ここでは2つの方法で解説してみよう。いずれの方法も「藁でいぶす」という工程を入れている。

○ひとつは炭火で表面のみに火を入れて、仕上げに藁でいぶす方法（A）。もうひとつは、直接藁の炎で表面をあぶる方法（B）だ。Aは炭火で適切な火入れを施すことができる反面、表面が焼けると燻香はつきにくくなる。一方Bの方法では火入れはむずかしいが、藁の燻香をより強く効果的につけることができるという特徴がある。

もも肉の前三角という部位。

［切り身］

厚さ5cm、1切れ180gに切る。厚いほうが火入れをコントロールしやすい。

［串を打つ］

半分の高さに3本太い串を通す。右、左、中の順に通していく。

［A］塩→焼く→藁でいぶす（アルミホイル）

1 牛肉の表面に薄塩をふって、8から9の強火にかける。脂がそれほど多くない部位なので、中まで温度が上がりにくいため、強火にする。 8〜9

2 片側から1割ほど火が入ったら（写真）裏返す。 8〜9

3 炎が立たない程度にウチワであおぎながら、強火を保つ。こちら側からも1割ほど火を入れる。 8〜9

4 側面からも強火で1割ほど火を入れる。 8〜9

やわらかい赤身肉の
表面だけをさっとあぶる
藁の香りがアクセント

5 反対の側面からも同様に1割火を入れる。8〜9

6 一斗缶をガス台にのせて、藁を立てて入れ、真っ赤におきた炭を入れて煙を立てる。

7 表面を焼いた牛肉を缶にのせ、アルミホイルをかぶせて煙をこもらせる。酸素が少ないので、中で炎が立つ心配はない。

8 アルミホイルの隙間からウチワであおいで、煙をまんべんなく充満させる。途中で串を裏返す。

9 3分間ほどいぶして取り出す。

10 焼き上がり。

［B］塩→藁であぶる

1 Aの**6**と同様に炭を入れて、塩を薄くふった牛肉をのせる。今度はアルミホイルをかぶせずに、炎を立ててあぶっていく。

2 そばに十分の藁を用意しておく。熱くなるので耐火性のある手袋をしていたほうがよい。

3 炎が消えてきたら藁を適宜追加する。

4 裏を返す。常に炎にあたるように、串を動かす。炎が消えたら、息を吹きながら炎を立てる。

5 裏や側面にむらなく炎があたるようにする。

6 焼き上がり。Aよりもやや強めの黒っぽい焼き色がついた。

牛肉（赤肉品種）サーロイン

塩焼き

塩コショウ→焼く

○日本固有の和牛、短角牛や赤牛の肉は「赤肉」と呼ばれて最近注目を集めている。黒毛和牛と違って、サシは入っていないが、肉本来の味が楽しめるということで、このところ話題にのぼっている。この赤肉のサーロインを焼いてみた。サシが入ったものと、当然焼き方は変わってくる。

○サーロインとはいえ、赤肉は脂が少ないため、火が入りにくい。しかし強火で焼くと、赤身の表面が焼き固められて、ますます火が中に入りにくくなるので、弱めの火で焼く。

赤肉品種のサーロイン。

［串を打つ］

厚さ3.5㎝、200gのサーロインの切り身。半分の厚さに串を打つ。右、左、中の順に串を通す。塩、コショウをふって、1時間冷蔵庫でやすませて、味をなじませる。

［焼く］

1 弱火3に炭を調整して、焼きはじめる。 3

2 全体の1.5割ほど火が入ったら、裏返す。 3

3 こちら側からも1.5割ほど火を入れて、再び裏返す。 3

4 何度か裏返して両側から全体の4割ほど火を入れる。火加減は**3**から**4**。指で押してみた弾力と、中央の串を少し抜いてみて、中心部の温度をみて判断する。 3～4

5 仕上げに入る。火加減はやや上げて**4**くらい。こうばしい焼き色をつける。 4

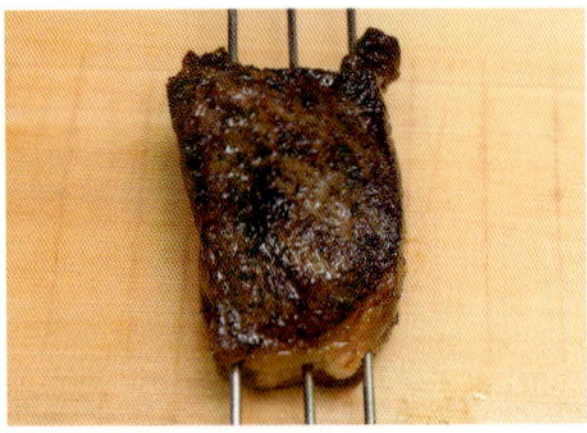

6 焼き上がったサーロイン。

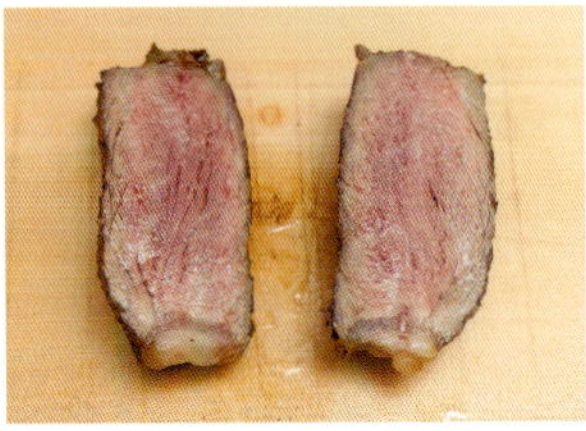

7 断面。

噛みしめるほど旨さが増す、
赤肉の醍醐味

鴨《かも》ロース肉

幽庵焼き

つける→かけ焼き

○冬になるとたっぷり脂肪を蓄える鴨。皮と皮下の脂を最初にしっかりと焼ききるのがポイントとなる。残すと脂がくさみとなってしまうので、弱火でじわじわと脂を出しきるように焼いていく。
○焼き時間の割合は、皮側から7割、身側から3割。国産のマガモを使用。

鴨の胸肉をロース肉と呼ぶ。抱き身ともいわれる。1枚125g。

［幽庵地］

味醂　3
酒　1
濃口醤油　1.5

＊味醂と酒を合わせて火にかけ、アルコール分を煮きり、冷めたら濃口醤油を加える。

［つける］

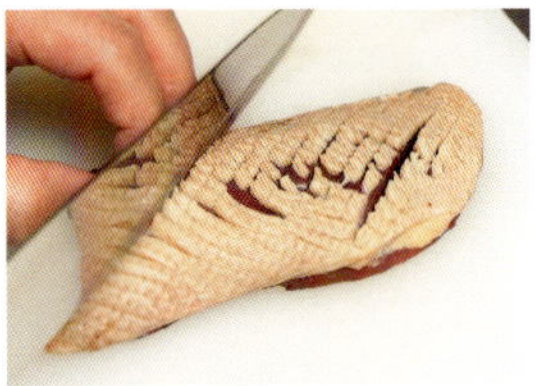

1 鴨肉の皮全面に格子状に包丁目を入れる。端のほうまでていねいに。

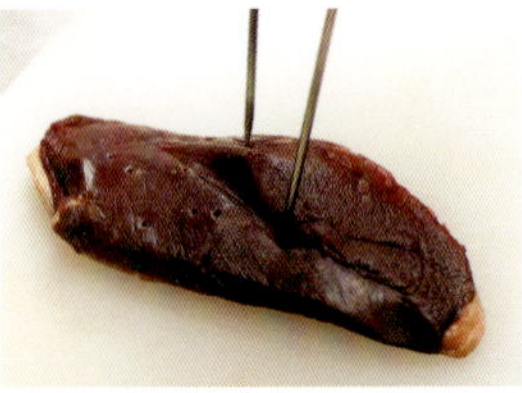

2 裏返して肉側に金串で穴を多数開ける。皮側の包丁目と肉側の串穴から味が入りやすくなる。

3 幽庵地の中に皮側を上にしてつけて、ペーパータオルをかぶせ、地が上までいきわたるようにして、常温で30分間おく。

［串を打つ］

右から串を打つ。身の半分の厚さのところに串を通していく。

皮はカリカリ、
身にはほんのり血の味を残す

［焼く］

1 火加減を3に調整し、皮側から焼きはじめる。ひたすら脂を落とす感じで、弱火でじわじわと焼いていく。 3

2 ときおり皮側に幽庵地を刷毛で塗りながら、皮側を続けて焼く。 3

3 2、3回幽庵地を塗ったら、火加減を5に強めて、皮側を焼き続ける。身側はまだ焼いていないが、皮側に地を塗るときに火にあたるので、多少火が入っている。 5

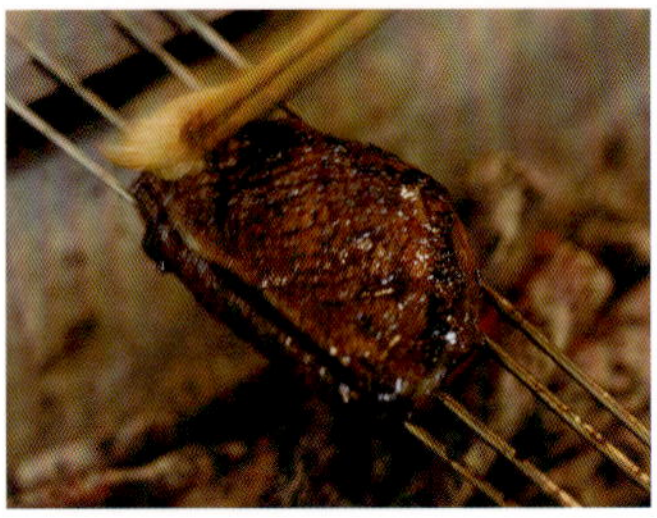

4 幽庵地を塗ることをくり返しながら、皮の脂をしっかり焼ききる。この焼きが甘いと、脂のにおいが残ってしまう。 5

5 皮の脂がしっかり焼ききれたら、身側に幽庵地を塗って、身側を焼く。何度か地をかけながら焼く。 5

6 焼き上がり。加熱時間の割合は、皮側から7割、身側から3割。

7 断面。

鶏肉／駿河《するが》しゃも
もも

塩焼き

塩→焼く

○銘柄鶏のひとつで、純系シャモと呼ばれている鶏を元に、比内鶏、名古屋種などの7種の鶏を交配した黒い鶏。肉の締まりがよく、シコシコとした絶妙な歯ごたえとまろやかな風味が特徴だ。

○肉の味が濃厚なので、あえて塩のみで焼いて旨みを強調した。したたり落ちる脂で炭から立ちのぼる燻香がつく。また、皮側の脂を弱火でじっくりと焼き落とすことで、肉そのものの味がはっきりしてくる。

［肉の下処理・塩をあてる］

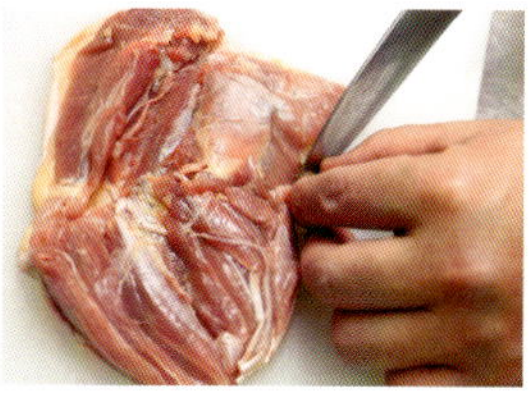

1 ももの内側についている脂肪を切り取る。

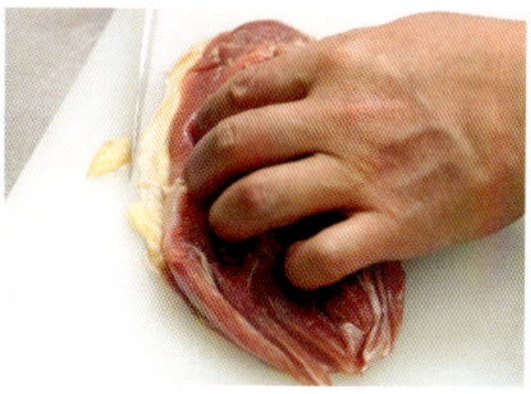

2 外側についている脂肪を切り取り、形を整える。余分な脂を適度に落とす。1枚93g。

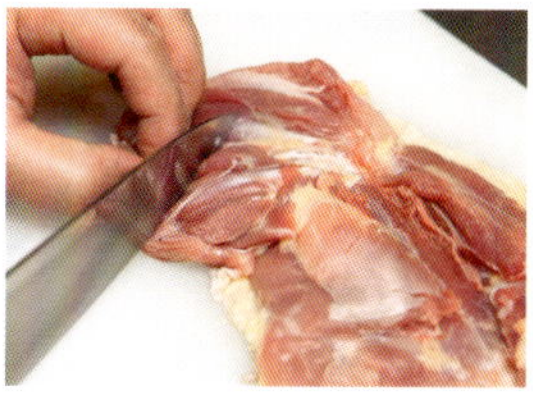

3 何本も通っているスジを切る。切らないと加熱で縮んでしまう。

4 皮目一面に金串で、まんべんなく穴を開けて、味をしみやすく、火を通りやすくし、皮の縮みを防ぐ。

5 薄塩をふって、ラップフィルムをかけ、常温に30分間おいて味をなじませる。写真は30分間おいたもの。

［串を打つ］

1 ももがばらけないように、ひとつひとつの筋肉に串を通す。

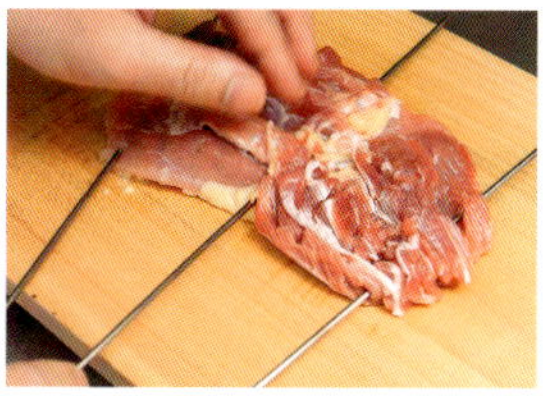

2 関節のあたりに串を打つ。

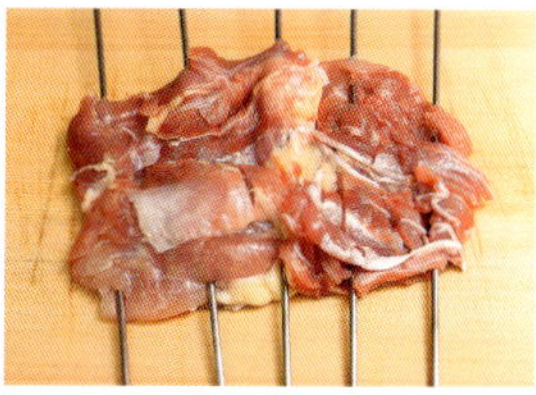

3 右、左、中の串の中間に2本打つ。串の数は肉の大きさによって適宜増減する。

［焼く］

1 炭を積み上げて、強火10で皮側から焼きはじめる。 10

2 脂と水分が落ちるので、火力が下がらないよう、ウチワであおぎながら焼く。 10

3 皮側にだんだん焼き色がついてきた。この段階では肉に火を入れるというよりは、皮を焼くという感じ。もう少し皮側に焼き色をつける。 10

4 この程度まで焼き色がついたら4の弱火に移し、身側を焼く。 4

5 肉の中に残った脂を出しきるように、弱火でじっくりと。 4

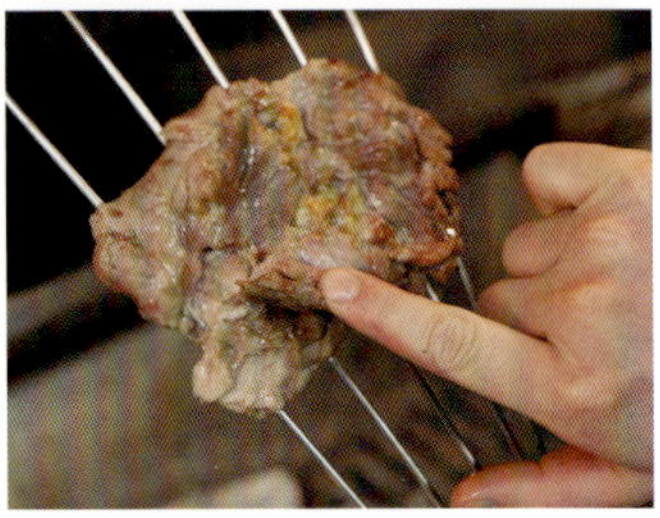

6 指で押して弾力を確かめ、重なった肉をめくってみて内側まで火が通っているかを確認する。 4

7 火が通ったら、仕上げに入る。火加減を6に上げて、身側にしっかり焼き色をつける。 6

8 赤くおきた炭を積み上げて、さらに火を強くし10、裏返して、皮側に浮いてきた脂を焼ききって仕上げる。 10

9 焼き上がり。上は皮側、下は身側。

ジューシーで濃厚な旨み、
噛み応えのある力強い肉が魅力

鶏肉 もも

塩焼き

塩コショウ→焼く→
アルミホイル→焼く

○もも肉ならではのジューシーなやわらかさが魅力。駿河しゃもは塩のみで焼いたが、こちらの肉はやや脂が多いので、コショウをふって味を引き締めた。

○身が厚く水分も多いので、火が通りやすいようにアルミホイルをかけて、弱火でゆっくり蒸し焼きにし、最後に強火で表面をパリッと焼いて仕上げる。

○肉から出てくる脂をしっかり落とし、アルミホイルをかけて燻香を肉に移す手法。銘柄鶏「富士にこにこ地鶏」を使用。

肉汁たっぷりのもも肉に、カリカリの皮がアクセント

［塩、コショウをふる］

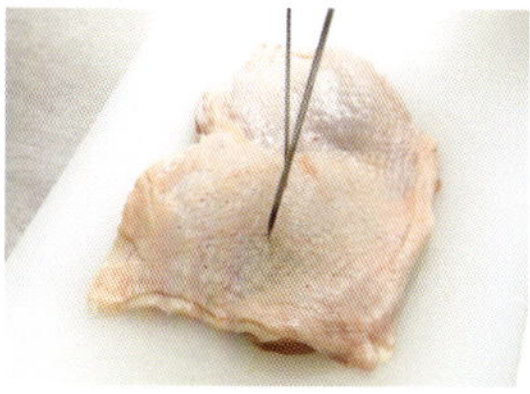

1 皮に金串、あるいは包丁の切っ先で穴を開ける。味をなじませ、火通りをよくし、皮の縮みを防ぐため。

2 バットに塩、コショウをふり、皮側を下に向けておいて、上からさらに塩、コショウをふる。常温で1時間おく。

［串を打つ］

駿河しゃも（→169頁）と同じ要領で串を7本打つ。鶏の大きさによって適宜増減する。

［焼く］

1 炭を赤くおこし、積み上げて強火に調整する。 10

2 皮側から焼きはじめる。 10

3 皮から脂が落ちて、煙が立ってきた。 10

4 このくらい焼き目がついたら、身側を焼く。火加減は3から4の弱火で。 3〜4

5 脂が落ちて炎が立ちやすくなってきたので、アルミホイルをかける前に炭に灰をかぶせておく。炎が立つと、ススがついて味が悪くなってしまう。 3〜4

6 駿河しゃもに較べると身が厚いので、ここでアルミホイルをかける。何度か裏返しながら、ゆっくり蒸し焼きにする。途中で一番厚い部分を押して、火の通りを確認する。 3〜4

7 火が通ったら、仕上げの焼きに入る。アルミホイルをはずし、火加減を強火10にして、皮側を焼き、脂をしっかりと落とす。脂が残ると皮がパリッと仕上がらない。 10

8 裏返して身側にたまった脂も落とす。 10

9 焼き上がり。

鶏肉 胸肉

／駿河《するが》しゃも

たたき

塩→焼く

○淡白な印象がある胸肉だが、しゃも系の鶏ならではの肉の歯ごたえと旨みがある。ブロイラーなどの胸肉とは、ひと味違う味の強さが持ち味だ。

○ここではたたき風に焼き上げた。最初強火で表面を焼き、その余熱を利用して火入れを調節する。４割ほどの火入れを目指す。

［串を打つ］

1 手羽のつけ根を切り落とし、形を整える。

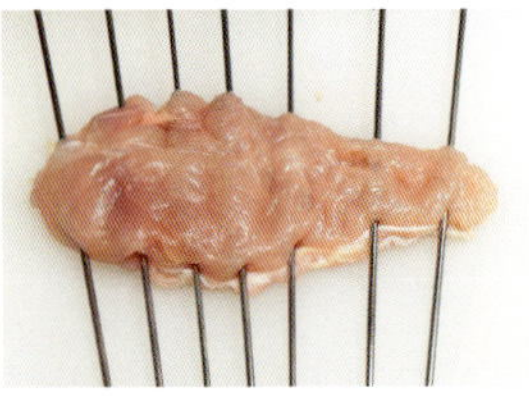

2 右、左、真ん中、右から2本目、3本目、左から2本目、3本目の順に串を打つ。

［塩をふる］

焼く直前に両面に薄塩をふる。もも肉は脂が多いので、塩をふってからしばらくおいたが、胸肉は脂が少なくなじみやすいため、すぐに焼く。

カリッとあぶった表面の熱で、
中心部までしっとり火入れ。
塩と山葵ですすめる

［焼く］

1 赤くおきた炭を高く積み上げて、強火にする。

10

2 ウチワで十分火をおこし、皮側から焼きはじめる。皮のみを焼く感じで。

10

3 皮側から1割ほど火が入ったら、裏返して、身側からも1割ほど火を入れる。

10

4 1から2の弱火に移し、裏返して皮側からさらに1割ほど火を入れる。

1～2

5 裏返して、身側からも1割ほど火を入れる。

1～2

6 皮側に脂が浮いてきたら、強火10に移し、裏返して皮目のみを焼いて脂を落とす。

10

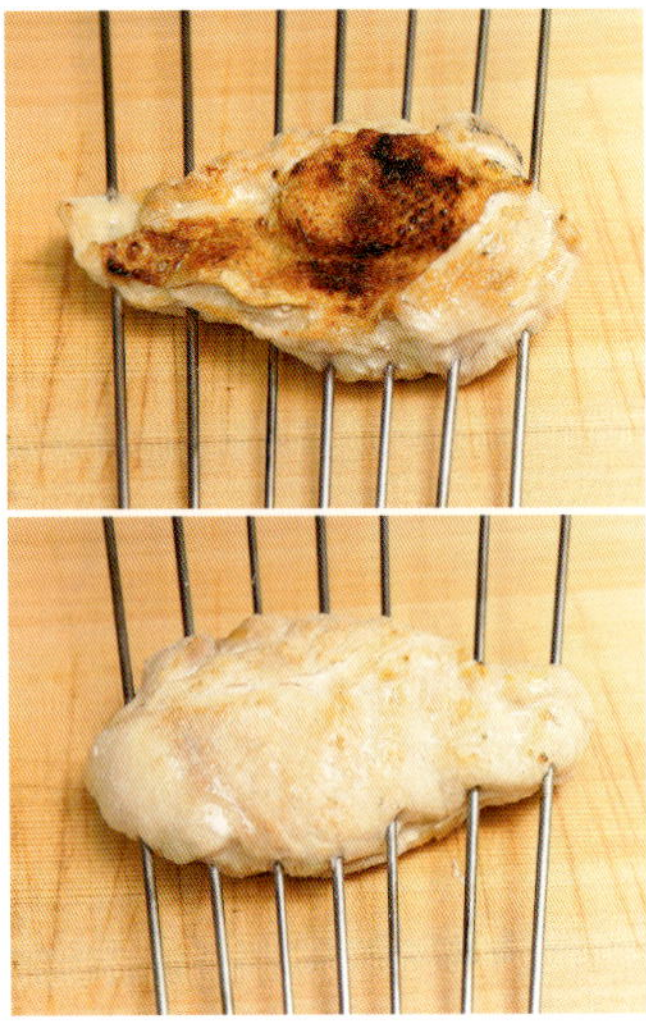

7 焼き上がり。上は皮側、下は身側。塩とおろし山葵ですすめる。

豚肉 肩ロース

塩焼き

塩コショウ→焼く（アルミホイル）→焼く

○脂身から脂を抜くときに、じっくり弱火で焼くと、脂身がしっとりやわらかい状態を保って脂が抜ける。
○切り身が厚いので、ここでもアルミホイルをかぶせて、オーブンのような蒸し焼き状態で焼き上げた。

［塩、コショウをあてる］

1 焼いたときに脂を出すために脂身に格子状の包丁目を入れる。1枚267g。

2 バットに塩、コショウをふり、豚肉をのせて、上から塩、コショウをふる。脂が多いので、多めにふっておく。

3 常温に1時間おいた豚肉。

［串を打つ］

右、左、中、右から2本目、左から2本目の順に打つ。厚みの半分くらいのところに通していく。

［焼く］

1 炭を3から4程度の弱火に調整する。脂身がついているので、灰をかけて、炎が立たないようにする。 3〜4

2 串をのせる。脂身の脇に炭を1本おいてじんわりと脂を落とす。 3〜4

3 身厚の肉に、ゆっくり火を通したいので、最初から弱火でアルミホイルをかぶせる。豚肉はサシが入っていないので、最初に強火で表面を焼き固めると、火が通りにくくなる。 3〜4

4 だいぶ火が通ってきた。 3〜4

5 この程度まで焼けたら裏返す。指で押した弾力で焼け具合を確認する。 3〜4

6 再びアルミホイルをかぶせて焼く。燻煙が充満して、肉の上に浮いた脂に燻香がつく。この脂がまた炭に落ちて、さらに煙が立つ。 3〜4

7 裏返す。仕上げに入る。強火にせずに火加減は弱火を保つ。何度もこまめに裏返すのではなく、3回ほど返して焼き色を均一に調整する。 3〜4

8 串を刺してみて、中心の温度を確認する。 3〜4

9 焼き上がり。脂身がやわらかくなり、しんなりと脂が抜けている。柚子コショウですすめる。

豚の脂の旨みと、
炭火による燻香の調和

筍《たけのこ》

つけ焼き

下煮→冷ます→焼く→かけ焼き

○だしで薄味に煮含めてあるタケノコを、つけ焼きにした。朝掘りでないかぎり、薄味で煮含めてから焼いたほうが数段おいしくなる。内側からふっくら蒸し焼きのように焼き上がる炭火ならではの効果で、切った瞬間、ふわっと湯気が抜けるので水っぽくならないうえ、味もしっかりしみているからだ。

○厚さのある部分から焼けるので、串の位置を入れかえたり、炭を移動して均等に焼いていく。仕上がりに叩き木の芽を散らしてもよい。

［タケノコ煮含め］

タケノコ　4本（650g）
二番だし　2.5リットル
昆布　15g
塩　10g
薄口醤油　10cc
濃口醤油　20cc
味醂　25cc
酒　100cc

＊あく抜きしたタケノコと二番だし、昆布を入れて火にかける。味を確認しながら塩、薄口醤油、濃口醤油、味醂、酒の順に加えて味を含める。

1　煮含めたタケノコを鍋のまま冷まして、煮汁ごと密封容器に移し、乾燥しないように上からペーパータオルをかけて煮汁をいきわたらせておく。

2　ひと晩つけたタケノコ。

［かけ地］

味醂　3
酒　1
濃口醤油　1.5

＊味醂と酒を合わせて火にかけ、アルコールを煮きる。冷めたら濃口醤油を入れる。

［串を打つ］

1　かたいところは切り落として、切り目を入れておくと火が通りやすくなる。タケノコの3〜4割の深さまで切る。

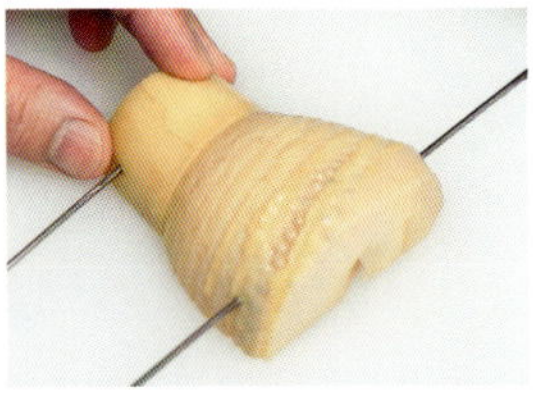

2　まずは一番右に1本串を打ち、次に一番左に串を打つ。タケノコの高さの半分くらいのところをねらって通す。

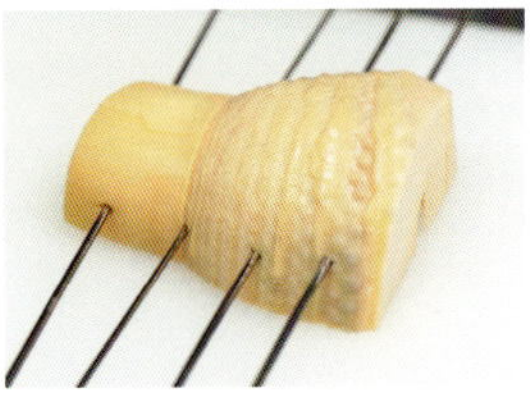

3　次に右から2本目を打ち、左から2本目を打つ。串は繊維に垂直に打つこと。繊維に沿って打つと、穂先がやわらかいので崩れてしまう。

煮含めただしが
じわっと口中にあふれる

［焼く］

1 火加減は7から8の強めの火で、皮側を焼く。弱火で焼くと、表面が干からびたように脱水した状態になってしまう。 7~8

2 だんだん表面が乾いてきて、うっすらこげめがついてきたら、断面を焼く。 7~8

3 かけ地を刷毛で皮側にかける。表面が乾かないと、かけ地がうまくのらない。 7~8

4 タケノコは身の厚さや身質が穂先と根元で違うので、左右を入れかえたり、炭を積みなおして均等に火を入れる。 7~8

5 この程度こげめがついたら裏返して皮側を焼く。 7~8

6 断面にかけ地を塗る。かけ地が炭に落ちて煙が立って、いぶされる。この燻煙を味つけの一部としてタケノコにつけていく。 7~8

7 側面から見ても皮側がかなり焼けてきたのがわかる。 7~8

8 裏返して、皮側にかけ地をかける。このあと3~4回裏返して、両側に地をかけて、こうばしい色をつける。地が炭に落ちて火力が弱くなるので、適宜炭を入れかえる。 7~8

9 この程度まで焼き色をつける。 7~8

10 こげめに照りが出てきたら焼き上がりの目安。串を抜いて切り分ける。

著者紹介

奥田 透（おくだ・とおる）

一九六九年静岡県静岡市に生まれる。高校を卒業後、静岡の割烹旅館で日本料理の修業を始める。その後京都、徳島での修業を経て、一九九九年地元静岡に戻り、市内に「春夏秋冬 花見小路」を開店する。二〇〇三年には、さらなる飛躍の場を求め、東京・銀座に「銀座小十」を開店する。二〇〇七年、同店はミシュランガイドで最高の三ツ星を獲得する。

二〇一〇年、銀座七丁目に「鮨かくとう」を、二〇一一年、銀座五丁目に「銀座奥田」を続けて開店する。開店した年に「銀座奥田」は「銀座小十」に引き続き、ミシュランガイドで二ッ星を獲得する。

二〇一二年、「銀座奥田」と同じビル内の四階に、かねてから念願であった「銀座小十」の移転、増床を実現した。二〇一三年九月、フランスに銀座奥田のパリ店「PARIS OKUDA」、二〇一七年十一月、ニューヨークに「NEW YORK OKUDA」を開店。

おもな著書に『魚づくし 魚介の日本料理（共著）』（柴田書店）、『世界でいちばん小さな三つ星料理店』（ポプラ社）、『きちんと定番 COOKING 本当においしく作れる 和食』（世界文化社）がある。

小十厨房スタッフとともに。
右から八田和哉、遠藤光宏、
著者、戸崎剛、安井大和（敬称略）。

銀座小十
〒104-0061
東京都中央区銀座５丁目４－８
カリオカビル 4F
TEL：03-6215-9544

銀座奥田
〒104-0061
東京都中央区銀座５丁目４－８
カリオカビル B1
TEL：03-5537-3338

PARIS OKUDA
7, Rue de la Trémoille, Paris 75008 France
TEL :+ 33 (0)1 40 70 19 19
E-mail: info@okuda.fr

NEWYORK OKUDA
458 West 17th Street New York, NY10011
TEL :+ 1-212-924-0017
E-mail: info@okuda.nyc

焼く
日本料理 素材別炭火焼きの技法

初版発行 2013年3月1日
6版発行 2024年5月31日

著者© 奥田 透（おくだ・とおる）

発行者 丸山兼一
発行所 株式会社柴田書店
〒113-8477
東京都文京区湯島3-26-9イヤサカビル
営業部 03-5816-8282（注文・問合せ）
書籍編集部 03-5816-8260
URL https://www.shibatashoten.co.jp

印刷・製本 大日本印刷株式会社

ISBN 978-4-388-06163-1